발도르프 킨더가르텐의 **봄여름가을겨울**

이미애 지음

발도르프 킨더가르텐의 **봄여름가을겨울**
이미애 지음

1판 1쇄 발행 2021년 8월 30일

펴낸곳 사)발도르프 청소년 네트워크 도서출판 푸른씨앗
　　　책임 편집 백미경　편집 백미경, 최수진, 김기원　번역기획 하주현
　　　디자인 유영란, 김미애　마케팅 남승희　총무 이미순
　　　등록번호 제 25100-2004-000002호
　　　등록일자 2004.11.26.(변경 신고일자 2011.9.1.)
　　　주소 경기도 의왕시 청계로 189-6 전화 031-421-1726
　　　페이스북 greenseedbook 카카오톡 @도서출판푸른씨앗
　　　전자우편 greenseed@hotmail.co.kr

greenseed.kr　www.greenseed.kr

값 18,000 원
ISBN 979-11-86202-39-5(03370)

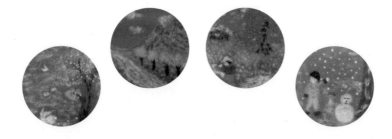

발도르프
킨더가르텐의

봄
여름
가을
겨울

이미애 지음

차례

책을
내며

제 아이가 네 살이던 1998년, 동네 아이들과 어울려 놀다 보니 주변의 많은 아이가 어린이집이나 유치원에 다니고 있었습니다. 제 아이도 그런 기관에 보내야 하나 고민을 하며 몇 군데 방문해 보기도 했는데 어른인 제가 숨이 막힐 정도로 프로그램을 운영하는 몇몇 곳을 보면서 아이를 기관에 보내는 것을 망설이게 되었습니다. 당시 자주 만나던 한살림(주민 생협)의 지역 모임 조합원들 중에 제 아이와 동갑나기 아이를 키우는 엄마가 다섯이 있었습니다. 엄마인 우리들은 육아에 대한 많은 이야기를 나누면서 품앗이 육아를 해 보기로 뜻을 모았습니다.

산을 좋아하는 저는 제가 맡은 품앗이 날에 아이들을 데리고 산으로 갔습니다. 작은 아이들은 산에서 흙과 친해지고 자연과 가까워졌습니다. 두 시간이라는 길지 않은 시간이었지만 많은 것을 할 수 있었지요. 그렇게 한 엄마가 하루에 두 시간씩 아이들을 맡아 돌보는 프로그램을 가지면서, 이왕 아이들을 보는 것이니 육아에 대한 공부도 해 보자고 하여 여러 가지 육아 이론서를 함께 공부했습니다.

그렇게 찾아 읽던 육아 관련 책을 통해서 '발도르프 교육'이라는 것을 알게 되었습니다. 당시 우리는 눈이 번쩍 뜨였습니다. 발도르프 교육 안에는 우리가 어릴 적 살았던 그런 삶이 있었습니다. 그러고 보니 제가 어릴 적에 들과 산을 쏘다니며 자연과 친구하며 자라는 동안 제 영혼과 감성이 건강하게 잘 자랄 수 있었다는 생각이 들며 제 아이도 그렇게 자랄 수 있으면 좋겠다는 바람이 생겼습니다.

　그런데, 아쉽게도 발도르프 교육이 한국에 소개된 지 얼마 되지 않았던 당시에 발도르프 유치원은 아직 한국에 없었습니다. 다섯 명의 엄마들은 이런 유치원을 직접 만들어 보자며 다시 뜻을 모았지요. 주민 생협의 조합원 몇 명도 뜻을 함께 해 주었고, 우리는 발도르프 교육에 대한 공부를 하면서 아이들을 맡아 줄 교사를 찾기 시작했습니다. 한국에 발도르프 유치원이 탄생할 운명이었는지 독일에서 발도르프 유치원 교사 교육 과정을 마치고 한국에 돌아와 아이를 키우고 있는 한 선생님과 인연이 닿았습니다. 자녀들이 초등학생으로 어느 만큼 자라 교사로 일할 수 있는 상황이 된 선생님은 선뜻 우리의 제안을 받아들여 주었지요. 그렇게 1998년 '분당자유 발도르프 유치원'이라는 이름으로 한국에 첫 발도르프 유치원이 만들어졌습니다.

　처음에는 주민 생협의 정자동 사무실 한쪽 편을 유치원 공간으로 사용하다, 한 해 뒤에는 가까운 곳에 독립적으로 공간을 마련할 수 있게 되었지요. 그 유치원에서 제 아이는 자연과 아주 가깝게 생활하고 뛰어놀며 건강한 유아기를 보내고 한국 발도르프 유치원의 첫 졸업생이 되었습니다. 아이를 키우며 한국에 개설된 발도르프 교사 교육 과정에 참여해 부모 되는 공부를 시작하다 보니 아이보다 제가 더 자란 것 같은 생각이 들었습니다. 그리고 그 공부가 저를 발도르프 유치원 교사의 길로 이끌어 자의 반 타의 반으로 유아 교사의 길을 걷게 되었습니다.

아이가 건강하게 학교에 다니게 되고, 저는 제 나름의 길을 모색하다 아이 학교와 가까운 과천에서 〈나무와숲 킨더가르텐〉을 시작하게 된 것이 2003년 늦가을입니다. 2004년 정식으로 인가를 받아 아이들을 모집한 이래 2021년 2월 열일곱 번째 졸업식을 가졌습니다.

산책길의 논밭이 없어지고 논에 찾아오던 해오라기나 두루미는 볼 수 없게 되었지만, 감사하게도 한 장소에서 변함없이 아이들과 함께하고 있습니다.

몇 년 전부터는 졸업한 아이들이 대학생이 되어 찾아와 주는 것이 벅찰 만큼 감동으로 다가왔고, 〈나무와숲〉으로 맺어진 부모님들과 지속되는 인연 또한 교사로서 더 없는 행복과 보람을 느끼게 합니다. 그리고 눈빛만으로도 서로의 마음을 읽을 수 있을 만큼 긴 14년이라는 시간을 함께 한 김진희 선생님도 감사한 인연입니다. 〈나무와숲〉이 오랜 기간 존속할 수 있는, 숲의 큰 나무와 같은 동료 교사입니다.

우리나라의 절기에 대해 고민할 때 선뜻 절기에 관한 라이겐 시를 제게 전해주며 가르침을 준 발도르프유아교육의 선배 교사인 서남숙 선생님께 마음속 깊이 우러나는 감사를 전합니다 언니같이 늘 따뜻하게 대해 주시고 제가 더 나은 사람으로 성장할 수 있도록 도와 준 제 인생의 멘토이기도 하신 분입니다

한국에 처음으로 발도르프 교육 과정을 열어 그 교육이 성장할 수 있는 토대를 만들어 주신 한국발도르프교육협회의 허영록 교수님, 재단의 공익 사업으로 2000년부터 2017년까지 발도르프 유아 교사

세미나를 연 서남재단, 발도르프 유아 교사 교육 과정 강의를 위해 먼 독일에서 오셔서 강의를 해 주신 독일의 수많은 선생님의 도움으로 한국의 발도르프 유아 교육이 발전할 수 있었고, 교사로서 제가 성장할 수 있었음에 감사드립니다. 그리고 한국의 여러 현장에서 교육을 실천하며 발도르프 유아 교육을 꽃피우는데 힘쓰시며 세미나를 통해 내용을 공유해 주신 김희동, 변종인, 서남숙, 전선희, 한주미 선생님 등의 도움이 〈나무와숲〉의 리듬 생활을 만들어 가는데 큰 힘이 되었습니다.

〈나무와숲〉을 운영하면서 부딪치는 어려움이 있을 때 손을 잡아 주고 사랑을 전해 준 많은 부모님에 대한 고마움은 일일이 열거할 수 없을 정도입니다. 가장 힘든 순간에 가장 진한 사랑의 의미를 가슴에 담게 해 주셨습니다. 그렇게 받은 큰 사랑이 제 마음속에 늘 따뜻한 온기로 가득 차 있습니다. 어쩌면 〈나무와숲〉은 이런 사랑으로 지금껏 존재해 오고 있는 것 같습니다.

오랜 시간 〈나무와숲〉에서 교사로 일하면서 그동안 아이들과 지낸 리듬 생활에 대한 이야기를 한번쯤 풀어보고 싶었습니다. 이 책은 그런 바람으로 정리한 나무와숲의 이야기들입니다. 이 책이 유아교육 기관에 아이를 보내는 부모님과 그곳에서 아이들을 만나는 선생님들께 작은 길잡이 역할이 될 수 있다면 더할 나위 없이 기쁘겠습니다.

끝으로, 리듬 생활과 관련된 노래를 기꺼이 악보 그리는 작업을 해 주신, 〈나무와숲〉의 학부모이기도 한 이수진 님께 깊은 감사를 전합니다. 그로인해 책의 내용이 훨씬 풍성해질 수 있었습니다.

2021년 5월

저자
일러두기

    이 책의 배경이 되는 〈나무와숲〉의 리듬 생활이 발도르프 유아 교육의 유일한 전형은 아닙니다. 나라에 따라 지역에 따라 그리고 리듬 생활을 이끄는 교사에 따라 다양한 사례가 생겨날 수 있고 그 안에 담기는 내용이 다를 수 있습니다. 다만, 발도르프 교육의 기본 목표와 원리를 담아 그 철학을 실천해 가는 〈나무와숲〉의 사례가 나름 모범적인 전형 중 하나의 사례라고 생각하지만, 이 사례가 책을 읽는 교사나 학부모님께 하나의 도그마로 받아들여지지 않기를 바랍니다.

    덧붙여, 이 책의 내용들은 필자가 2000년부터 근래까지 20여 년 동안 발도르프 유아 교사 교육에 지속적으로 참여하며 공부한 내용들과 교육 과정에서 소개된 많은 자료가 바탕이 되었습니다. 이 책에 수록된 자료들 중 라이겐 시는 대부분 한국적인 시입니다. 출처가 정확한 것은 원작자를 밝혔으며, 출처를 알 수 없는 것들은 작자 미상으로 표시하였습니다. 필자가 만든 시 중에는 이미 알려진 시구 등이 사용되기도 하였음을 밝힙니다.

노래는 가급적 자료로 모두 싣고 싶었으나 많이 알려져 쉽게 알아낼 수 있는 노래와 김희동, 변종인 선생님 두 분이 만들거나 번역한 노래는 별도의 자료집 등으로 판매가 되고 있기에 제목과 출처만 밝혔습니다. 그 외에 쉽게 접하기 어려운 외국곡이나 작자 미상인 노래는 악보를 실었습니다.

손동작은 독일에서 처음으로 손동작을 개발한 빌마 엘러직Wilma Ellersiek 선생님의 시가 대부분입니다. 이 또한 필자가 발도르프 유아 교사 교육 과정에서 배우거나 번역된 것을 아이들과 쉽게 할 수 있도록 조금 다듬어서 사용하고 있습니다. 손동작이나 라이겐은 한국의 몇몇 교육 기관에서 시행하고 있는 발도르프 유아 교사 교육 과정에서 그 자세한 방법을 배울 수 있습니다.

들어가는 글
유아기의 발달

　발도르프 교육의 관점에서 인간은 7년을 주기로 발달한다고 합니다. 그 첫 번째 7년인 유아기는 몸이 발달하는 시기입니다. 갓 태어난 아기는 인간의 형상을 하고 있으나 아직은 많은 것이 미숙하고 부족합니다. 주변에 돌봐 주는 어른이 없다면 생존 그 자체가 불가능합니다. 이렇게 미숙한 아기는 양육자, 주로는 어머니를 통해 영양을 공급받고 보살펴지면서 성장합니다. 성장하면서 주변 어른들의 태도를 보면서 그것을 모방합니다. 말을 배우는 것도 어른들과의 관계를 통해 신체의 일부분인 성대가 발달하면서 모국어를 배우게 됩니다. 만일 사람과의 관계가 아닌 기계음으로 된 본보기만 있다면 아이가 언어를 습득하는 것은 불가능합니다. 아이의 배움에는 늘 관계가 기초가 됩니다. 걷기 또한 어른들의 모습을 보면서 모방을 통해 가능해집니다. 걷기 위해서는 기는 과정이 전제되는데 일자 형태인 갓난아이의 척추는 기는 동작에서 고개를 들게 되면서 목 부분이 휘어지고, 서서 걸으면서 허리 부분이 휘어집니다. 이렇게 어른이 가진 S 형태의 척추로 발달합니다. 태어나서는 가까이에 있는 것도 잘 구분하지 못했던 아이의 시력도 일곱 살 즈음에는 성인과 비슷한 시력을 갖추게 됩니다. 내부의 장기 또한 다르지 않습니다. 아기 때는 기관지가 덜 분화되어 숨 쉬는 소리에 쌕쌕 거리는 소리가 섞여 들리는데 이 또한 일곱 살 즈음에는 성인과 같은 정상적인 기능을 하게 됩니다. 간과 위, 장 등의 다른 장기들의 발달도 일곱 살이 되어야 정상적이 됩니다.

우리가 어린아이들을 위해 환경적인 부분에서 많은 것을 조심하는 것은 아이의 건강한 발달을 돕기 위해서입니다. 아직 많은 부분에서 미숙한 아이에게 어른이나 견딜 수 있는 유해한 환경은 최악이라고 할 수 있습니다. 그래서 아이가 먹는 것이 어른의 자극적인 음식과 달라야 하고, 아이가 숨 쉬는 공간도 좀 더 깨끗해야 합니다. 교통이 혼잡해 매연이 가득한 도로에 한 시간 정도 서 있어야 한다면 어른은 견딜 수 있지만, 어린아이라면 아마도 기관지에 많은 문제를 갖게 될 것입니다.

이렇듯 인간은 유아기에 자신의 몸을 만들어 갑니다. 자신의 몸이 완성되었다는 신호는 이갈이입니다. 신체의 가장 단단한 부분인 이를 밀어내는 힘을 일반적으로 일곱 살이 되면서 경험합니다.(물론 현대의 많은 자극과 여러 환경적 영향으로 이갈이가 빨라지고 있기는 합니다만, 환경적 영향을 배제한다면 정상적인 이갈이는 일곱 살에 경험합니다)

인간의 발달을 집짓기에 비유한다면 첫 7년의 발달인 유아기는 기초 공사 시기라 할 수 있습니다. 기초 공사가 잘 된 터에는 튼튼한 집을 지을 수 있습니다. 무게가 많이 나가는 구조물을 견디려면 그만큼 기초 공사가 잘 되어야 합니다. 기초 공사를 제대로 하지 않고 집을 짓는다면 그 집은 작은 태풍이나 홍수에도 금세 무너져 버리겠지요. 하지만, 기초 공사가 잘 되었다면 그런 불행은 생기지 않을 것입니다. 아이가 자라서 아동기, 청소년기를 거쳐 어른이 될 때까지 자신만의 멋진 집을 잘 짓게 하려면 그만큼 건강한 유아기를 보내야 한다는 것입니다.

유아의 건강한 발달을 위해 어른인 우리는 무엇을 해 줄 수 있을까요?

먼저 유아에게 적합한 환경을 만들어 주는 것이 필요할 것입니다. 자연적인 자극과는 동떨어진 TV나 컴퓨터, 스마트폰 등으로부터 보호받는 환경이 중요합니다. 입학 상담을 할 때였습니다. 아이가 이런 기기와 가까워지지 않게 해 달라는 교사의 요구에 한 어머니는 아이가 동영상을 통해 과학적 원리를 저절로 알게 되더라고, 그래서 가르쳐 주지 않은 자석의 원리도 배웠다며 동영상이 주는 긍정적인 측면을 말씀하셨습니다. 하지만, 여기서 한 가지 짚고 가야 하는 것이 있습니다. 유아기에 아이가 자석의 원리나 과학적 원리를 알지 못하는 것이 문제가 되는 것일까요? 화장실에 가서 스스로 옷을 벗고 용변을 보는 것을 못하고 스스로 신발을 신지도 못하는데 학교에 다니면서 어차피 배우게 될 것들을 미리 깨우치는 것이 필요할까요? 유아들은 그 나이에 누려야 할 권리이기도 한 놀이가 필요한 시기입니다. 놀이를 통해 삶을 배울 수 있도록 해야 합니다.

유아 시기의 발달에서 아이들에게 영향을 미치는 것들이 또 있습니다. 모방과 경외심, 상상력이 그것입니다. 아이들이 건강하게 모방하기 위해서는 본보기가 매우 중요합니다. 여기에는 당연히 신뢰가 바탕이 되어야만 합니다. 건강한 어른이 주변에서 좋은 본보기를 보여줌으로써 아이들은 건강한 모방을 하며 발달합니다. 아이는 자신을 둘러싼 환경에서 무엇을 보고 따라해야 할지 인식을 하고, 이 인식력에 따라 어떤 것은 따라하고 어떤 것은 따라하지 않습니다. 아직 무엇을 모방해야 하는지에 대한 식별력은 없습니다. 아이와 밀접한 관계에 있는 양육자나 유아 교사들은 아이들이 자연에 대해 갖고 있는 경외감을 자주 느낄 것입니다. 어른들은 이미 잃어버렸거나 자주 잊어버리는 아름다운 것들에 대한 경외감이 아이들에겐 살아 있습니다. 작은 개미 한 마리나, 돋아나는 새싹을 보며 저절로 나오는 탄성은 자연스럽습니다. 이러한 것을 우리 어른들이 잘 보호하고 계발시켜야 할 것입니다.

아이들이 놀이를 하는 것을 지켜보면 어른의 생각과는 아주 다른 상상력이 동원되고 그 상상이 놀이의 바탕이 됩니다. 이러한 상상력은 새로운 미래를 발달시키는 원천이라 할 수 있습니다. 아이들이 마음껏 상상력을 펼치며 자랄 수 있도록 현실 세계를 너무 일찍 아이와 직면시키지 않으면 좋겠습니다. 유아 시기는 세상의 공포와 메마른 현실로부터 보호받을 수 있어야 하는 시기입니다. 이 세상은 살만한 곳이고 아름다운 곳이라는 인식이 아이들에게 자리 잡을 수 있게 도와야 할 것입니다.

발도르프 유아 교육 기관은 아이들이 건강한 유아 시기를 보낼 수 있도록 돕는 것을 목표로 합니다. 그리고 아이들의 자연스러운 발달이 인간적인 관계에 의해 이루어질 수 있도록 일상생활 속에서 교사와 아이의 만남이 교육의 기본이 됩니다.

인간 발달 주기의 첫 7년에 영·유아기 아이들은 세계 어느 곳을 막론하고 보편적으로 걷고 말하기를 시작하며, 사고하기, 상상력과 의지력의 발달이 이루어지고 있습니다. 교사의 과제는 바로 이러한 아이들의 발달 단계에 동반하면서 아이들의 성장 발달의 힘과 앞으로 전개될 전 생애를 위한 능동적인 힘을 기르는데 책임감을 가지고 진지하게 아이들과 생활하는 것이라 할 수 있습니다. 아이들은 자유로운 환경 속에서 마음껏 뛰어놀 수 있어야 합니다. 유아기에는 신체의 발달이 그 무엇보다 우선되어야 하기에 발도르프 교육 기관에서는 인위적인 학습 프로그램을 진행하지 않습니다. 모방과 모범Model을 통한 학습, 상상력의 발달, 리듬 있는 생활, 감각 교육을 소중하게 여겨 아이들로 하여금 '가르침'보다 교사의 진정성 있는 생활 태도에 의해 진지한 삶을 경험할 수 있게 하여 건강한 모방을 통해 삶을 배우게 하며, 동화나 인형극의 세계를 많이 접하는 방법으로 아이들의 상상력을 자극합니다. 리듬적인 활동뿐만 아니라 들숨과 날숨으로 호흡을 하듯, 자신의 내면을 펼쳐 내는 외적인 활동과 외부로부터 자신 안으로 끌어들이는 내적인 활동이 반복되는 생활과 자연물 위주로 된 놀잇감은 아이들 스스로 놀이를 창조하고 주도할 수 있도록 하며 아이들의 감각이 건강하게 발달하도록 합니다.

리듬과
리듬 생활

발도르프 유아 교육의 일과를 보통 '리듬' 또는 '리듬 생활'이라고
표현합니다. 일반적으로 '리듬'이라는 용어가 사전적 의미로 '음의 장
단이나 강약 따위가 반복될 때 그 규칙적인 음의 흐름' 혹은 '일정한
규칙에 따라 반복되는 움직임'을 일컫는다면 발도르프 유아 교육에
서 리듬은 '시간적인 질서'를 이야기한다고 볼 수 있습니다. 인간의
들숨과 날숨으로 이루어진 호흡이 안정적이 될 때 신체 역시 안정되
고 편안하게 생활할 수 있듯이, 외부로부터의 자극을 받아들이고 그
감명에 대해 자신의 감성적 활동에 몰입하는 들숨의 순간과, 자신의
느낌과 감성을 외부로 표출하는 날숨의 순간이 하루의 시간적 질서
인 리듬 생활에서 조화롭게 구성되어야 합니다. 이러한 시간적 질서
는 하루 일과뿐 아니라 일주일, 한 달, 일 년을 주기로 규칙성을 갖
고 주기적으로 운영되고 있습니다. 이러한 리듬적인 질서를 통해 첫
번째 7년 주기에서 달성해야할 과제인 아이들의 건강하고 안정된 신
체 발달이 이루어질 뿐만 아니라 두 번째 7년 주기의 과제를 달성하
기 위한 기초가 마련됩니다.

하루의 리듬

하루의 리듬

우리의 몸이 들숨과 날숨으로 호흡을 하듯 인간의 영혼 또한 호흡이 필요합니다. 특히 성장기에 있는 유아에게 들숨과 날숨의 호흡처럼 규칙적인 하루의 리듬을 갖는 것은 중요합니다. 내면의 것을 발산하는 놀이와 같은 날숨의 호흡과 외부 세계의 것을 자신의 내면으로 받아들이는 고요한 들숨 호흡의 균형으로 세심하게 하루의 일상이 짜여져야 합니다. 건강한 하루의 리듬은 아이들의 건강한 자아를 발달시키며, 이렇게 될 때 아이는 편안함과 안정감을 갖게 되므로 부모나 교사가 훈육해야 하는 필요성을 줄여 줄 수 있습니다.

〈나무와숲〉은 유아의 건강한 발달을 위해 다음과 같은 리듬을 갖습니다.

등원 및 자유 놀이 8시 30분 ~ 10시 30분

놀이를 통해 모든 것을 배우는 아이들에게 가장 중요한 시간입니다.
밀랍 크레용을 이용한 그림 그리기, 6세는 수놓기 작업, 7세는 직조 활
동과 목공 활동, 뜨개질 등의 수공예 작업을 하며, 이 시간 동안 간식
과 점심 식사 준비가 이루어지기도 합니다.

제자리 정리 10시 30분

놀이의 연장 같은 자유로움 속에서 이루어집니다.

라이겐(원모임) 10시 50분

시와 노래가 어우러진 종합적인 신체 활동으로 계절이나 절기에 맞춰
3~4주간 반복적 리듬으로 진행됩니다.
수요일에는 라이겐 대신 다른 예술 활동으로 발도르프 습식 수채화
를 합니다.

간식 11시 10분

나들이에 앞서 요일에 따라 정해진 간식을 먹습니다.

나들이, 바깥 놀이 11시 30분

비가 오나 눈이 오나 자연을 만나러 나갑니다. 다만, 수채화 시간이 있
는 수요일에는 놀이터나 원 뒷마당의 모래밭에서 바깥 놀이를 합니다.

이야기 들려주기 12시 50분

절기에 맞는 이야기를 라이겐 리듬과 맞추어 2~4주간 교사가 외워
서 들려줍니다.

점심 식사 및 이 닦기 13시 10분

친환경 식재료를 이용한 건강한 식단으로 아이들 몸의 건강을 챙깁
니다.

바깥 놀이 및 하원 14시~15시

점심식사 후 또 한 번의 바깥놀이를 한 후, 등원 때와 마찬가지로 부
모님이 오셔서 아이와 함께 하원합니다.

이상의 리듬 생활은 대략적인 시간입니다. 대개는 아이들의 놀이
상황이나 흐름을 교사가 파악하여 적당한 시간에 호흡의 전환을 갖
습니다.

자유 놀이°

　앞에서도 언급하였지만, 유아 시기에 놀이는 아이들의 본능이며, 권리이기도 합니다. 아이들은 놀이를 통해 많은 것을 배웁니다. 또래들과 어울려 놀면서 양보와 배려 같은 사회성을 배우고, 상호 작용 중에 생기는 부딪힘에서 타인의 감정을 경험하면서 감정 조절을 배우기도 합니다.

　또한, 놀이를 잘 살펴보면 아이가 자신의 단계에 맞는 신체 발달을 돕기 위한 놀이를 하고 있음을 알 수 있습니다. 공간을 체험하는 놀이를 하며 그릇에 물건을 넣고 비우는 놀이로 폐의 발달을 돕는 다든지, 까꿍 놀이나 숨바꼭질 등 숨고 숨기고 찾는 놀이를 하면서 심장을 건강하게 발달하게 한다든지, 에너지를 만드는 상상의 역할 놀이로 간을 건강하게 하고, '여우야 여우야' 놀이 같은 기다리는 놀이를 통해 의지를 만들어 내는 기관인 쓸개의 발달을 돕고 있습니다.

만일 인내심이 부족한 아이라면 풀어 주고 기다리는 것을 반복하는 것이 필요하므로 교사가 이런 놀이를 함께 이끌어 주어도 좋겠지요. 자신이 열심히 쌓아 놓은 블록을 순간 무너뜨리거나, 종이를 찢거나 가위질을 하는 놀이, 모래 놀이로 만든 케이크를 망가뜨리는 것은 비장의 발달을 돕습니다. 건강한 공격성은 제한하지 않아야 폭력성으로 가지 않습니다. 혹시 다른 아이의 놀이를 방해하는 아이가 있다면 비장에 해당하는 놀이보다는 따뜻한 에너지를 주는 간에 해당되는 역할 놀이로 이끌어 주는 것이 좋을 것입니다. 신장이 부지런히 많은 양의 피를 걸러 오줌으로 배출하듯 신장을 건강하게 하는 놀이는 부지런한 놀이들입니다. 씨앗을 분리한다든지 여러 가지 색깔 돌을 색깔별로 구분한다든지 소꿉놀이 그릇을 종류나 크기별로 구분

하는 놀이를 많이 하는 아이들은 신장이 건강합니다. 이렇듯 아이들의 놀이를 잘 관찰하고 아이가 어떤 신체 부분이 약하거나 기능이 떨어진다고 한다면 그것을 건강하게 해 주는 놀이를 하도록 교사가 도울 수 있습니다.

자유 놀이 시간에는 원할 때 언제라도 그림을 그릴 수 있도록 그림판과 밀랍 크레용을 준비해 두어, 아이들이 놀이 시간 안에서도 자신만의 고유한 들숨, 날숨 호흡을 조절할 수 있도록 합니다. 아이들의 신체 발달이나 마음의 상태를 엿볼 수 있는 소중한 자료인 그림들은 아이 발달의 척도로 삼아 부모님들과 면담할 때 활용하기도 하며, 일 년 동안 잘 모아 두었다가 제본을 해서 집으로 보냅니다.

다섯 살까지는 놀이가 전부라고 할 수 있으나, 여섯 살부터는 작은 수작업도 시작합니다. '자유롭게 수놓기'나 '바느질'은 소근육이 서서히 발달되도록 돕고 집중력과 지구력을 키워 줍니다. 또한 자신의 작업을 통해 소멸과 생성을 직접 경험하면서 아이들의 심장이 건

강하게 발달합니다.

　교사와 함께 간식 준비를 하면서 빵 썰기나 채소 썰기를 해 볼 수도 있고 요리에 참여해 볼 수도 있습니다. 이러한 의미 있는 작업을 하는 경험은 유아기 아이들의 영혼적 성장에 좋은 영향을 미칩니다. 일곱 살에는 이러한 의미 있는 수작업이 '직조 짜기'나 '목공 활동', '뜨개질'로 확장됩니다. 발도르프 유치원에서 하는 수작업은 전적으로 그 결과물을 얻는 데에 목표를 두지 않고, 과정을 경험하는 것에 의미를 둡니다. 그리고 아이들의 수작업은 그것을 한번 만들어 보는 경험 쌓기가 아닌 실제 생활 속에서 사용할 수 있거나 활용 가능한 것들로 합니다. 자신이 수놓은 천으로 꽃병 받침을 하거나 학교 입학

할 때 가방에 표식으로 활용하기도 하고, 자신이 직조한 것으로 필통이나 가방을 만들고(이 과정은 어른의 솜씨가 필요한 부분이라 부모님의 도움을 받습니다. 때로는 할머니의 손길이 더해져 3대가 함께 한 작품이 되기도 합니다), 목공 활동으로 놀잇감을 얻는 등 적극적으로 생활 속에 활용이 됩니다. 자신의 손으로 긴 시간을 통해 얻어 내는 그 과정 자체가 의미 있는 작업이라 할 수 있습니다. 학교에서 필통으로 자신의 작품을 사용하면서 자부심이 가득했던 한 졸업생이 가을 바자회 때 찾아와 필통을 자기가 만든 거라는 걸 반 친구들이 아무도 믿어 주지 않아 속상했다는 이야기를 전한 적이 있습니다. 일반 유치원 과정에서 이런 과정을 경험하는 일이 드물기에 믿어 줄 수가 없던 것이지요.

〈나무와숲〉에서는 더운 여름을 제외하고 늦가을부터 봄 시기에 향기로운 족욕 시간을 갖습니다. 이 또한 아이들이 기다리는 시간입니다. 자유 놀이 시간 동안 하루에 네 명씩밖에 할 수 없기에 아이들은 자기 순서를 무척이나 기다립니다. 안정감을 주는 라벤더 바스 오일을 넣은 따끈한 족욕 대야에 발을 담그고 그 안에 넣어 준 작고 예쁜 보석돌들을 발가락으로 가지고 놀면서 지루하지 않게 발을 담그고 있습니다. 적당한 시간이 지난 다음 한 명씩 차례로 라벤더 바디 오일을 바르고 발 맛사지를 해 줍니다. 〈라벤더 꽃〉 노래를 부르며 발 맛사지를 받는 아이들의 얼굴 표정은 즐거움으로 가득합니다. 특히 등원한지 오래되지 않은 신입생은 이 족욕 시간을 경험하면서 교사와 빠른 라포(신뢰) 형성이 되는 것을 느낄 수 있습니다. 때로 미열이 있거나 몸 상태가 좋지 않은 아이를 우선해 기운이 돌도록 도와주기도 합니다.

족욕 시간 발마사지 노래

라벤더 꽃

제자리 정리 °

 아이들 사이에서 자유 놀이가 어느 정도 무르익었다가 놀이가 마무리가 되거나 전환점이 생기는 적당한 시간에 다음 리듬을 위해 정리 시간을 갖습니다. 정확히 몇 시라고 정해진 것이 아닌, 아이들의 흐름을 보고 적당한 때가 되었을 즈음에 교사가 정리를 알리는 노래를 부르며 아이들 가운데로 갑니다.

정리 노래

세상 풍경 중에서

깨끗한 공간을 그리며   이미애 작곡, 가사 : 시인과 촌장 곡 중

세 상 풍 경 중 에 서   제 일 아 름 다 운 풍 경 은

모 든 것 들 이   제 자 리 로 돌 아 오 는 풍 — 경
제 자 리 로 돌 아 오 는 풍 — 경

나비가 높게 날아요

천천히 부드럽게 · 작곡 미상

나 비 가 높 게 날 아 요 나 비 가 낮 게 날 아 요

날 개 를 접 고 서 친 구 와 만 나 요

　정리는 놀이의 연장선상에서, 주로 7세 아이들이 중심이 되어 정리를 할 구역을 각자 고르고, 도와줄 동생들도 골라 이루어집니다. 물론, 교사도 함께 합니다. 모든 물건이 항상 제자리에서 그 물건이 필요할 때 바로 찾을 수 있도록 정리되는 것이 중요합니다. 아이들은 그런 공간에서 비로소 안정감을 가질 수 있습니다. 또한, 정리는 아이들에게 좋은 습관을 갖게 하는 것으로 나중에 사고 작용의 발달을 돕는 것이기도 하며 이러한 반복적 활동은 아이들의 의지력을 강화시켜 줍니다.

　놀잇감을 정리하고 나면 마지막으로 놀이 천을 접거나 달팽이끈을 감아서 제자리에 둡니다.

라이겐(Ring Time) °

절기나 축제의 주제로 만들어진 라이겐은 보통 4주간 진행됩니다. 교사의 주도 아래 루돌프 슈타이너의 '유치원 아이들을 위한 아침 시'로 열기를 한 후 함께 노래하며 자연스러운 몸의 움직임으로 라이겐 시를 표현하는 시간으로, 아이들 신체와 언어의 발달을 돕습니다. 아이들은 라이겐 시를 통해 절기나 축제에 관련한 정보들을 매우 자연스럽게 습득하게 됩니다.

교사가 라이겐 시를 직접 창작하기도 하지만 선배 교사의 도움을 받을 수도 있습니다. 이 경우 원작 시를 충분히 내면화하고 자신의 정서나 유치원의 환경에 맞도록 개작하는 과정을 거치면 좋습니다. 원작과 완전히 다른 느낌이라 새로운 시처럼 느껴져도 더 좋습니다. 이처럼 유치원에서 하는 라이겐 시는 단순히 있는 것을 그대로 가져다 쓰는 것이 아니라 교사의 내면화가 선행되어야 하고 그 내면화를 통해 자신의 것이 되어야 아이의 영혼에 진정으로 가닿을 수 있다고 생각합니다.

〈나무와숲〉에서는 라이겐을 하기 전(자유 놀이 정리 시간 이후) 화장실에 다녀옵니다. 볼일을 보고난 후 노래를 부르며 손을 깨끗이 씻습니다. 처음엔 화장실에 가는 시간이 각자 다르지만 몇 달 지내다 보면 얼추 그 시간에 볼일을 보는 것이 생체리듬으로 익숙해집니다. 물론, 아이들에 따라 자유놀이 시간 등 어느 때고 볼일을 보기도 하지만, 특별히 라이겐을 시작하기 전에 아이들 모두 다시 한 번 화장실을 다녀오고 손을 씻습니다.

손을 씻어요

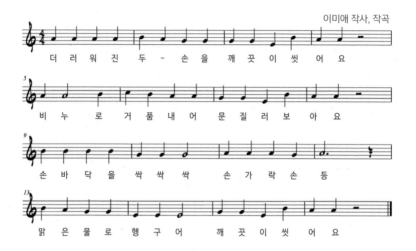

이미애 작사, 작곡

더 러 워 진 두 - 손 을 깨 끗 이 씻 어 요

비 누 로 거 품 내 어 문 질 러 보 아 요

손 바 닥 을 싹 싹 싹 손 가 락 손 등

맑 은 물 로 헹 구 어 깨 끗 이 씻 어 요

　

아이들이 화장실 다녀오는 시간이 결코 짧지 않으므로 먼저 화장
실을 다녀온 아이들은 그 계절에 맞는 노래를 하면서 다른 아이들을
기다립니다. 모든 아이들이 손을 씻고 와서 자리에 앉으면 손동작을
함께 합니다. 손동작을 하면서 자유놀이에서 라이겐 시간으로 넘어
가는 부드러운 전이가 이루어집니다.

손동작 이후, 교사가 노래를 부르며 향기로운 아로마가 블랜딩된
오일을 아이들 손등 위에 한 방울씩 떨어뜨려 줍니다. 보통은 장미향
이 나는 오일을 쓰고 라벤다향이 나는 오일을 사용하기도 합니다. 장
미나 라벤다의 향이 아이들을 심리적으로 안정되게 만들어주고, 오
일은 보습작용을 해 아이들의 손 피부를 보호해 줍니다.

오일 바르기

금방울

차분하고 고요하게   작곡 미상

금 방울이 떨어지네 떨어지 네 손 등 위에

금 방울이 떨어지 네 향기로 운 금방 울

모든 아이에게 오일을 발라준 후에는 교사가 노래를 부르며 두 곳의 책상에 둘러앉아 있는 아이들의 어깨를 한 명 한 명 건드려 의자에서 일어나라는 신호를 보낸 후 손을 잡고 연결해 공간에 가득 차게 큰 원을 만듭니다. 교사가 부르는 노래가 2절을 마칠 때쯤이면 커다란 원이 완성됩니다.

커다란 원을 만든 후에는 서로 잡았던 손을 놓고 아침을 여는 시를 함께 합니다.

땅은 내 발 아래 단단하게 있고
하늘은 머리 위에
친구들은 내 양손에 있습니다.
나는 그 땅 위에 반듯하게 섭니다.

종소리

나지막하고 고요하게　　　　　　　　　　　　　　　　　　작사, 작곡 미상

조용히 조용히　귀 기울여서　　무슨 소리인지　들어보세요

1. 좋은 마음을　가지고 있다면　은은한 - 종소리가 들릴거에요
2. 좋은 마음을　가지고 있다면　아름다운 종소리가 들릴거에요

딩　　　동　　　딩　　　동

　이 짧은 여는 시에 이어서 슈타이너*가 쓴 '유치원 아이들을 위한 아침 시'를 함께 합니다.

　머리에서부터 발끝까지 신의 모습인 나는
　마음에서부터 손끝까지 신의 숨결을 느낍니다.

---

*_　Rudolf steiner_ 인지학(人智學; Anthroposophy)의 창시자(1861~1925)로 발도르프교육학을 정립하여 오늘날 전세계에 2,000여 개의 유치원, 1,000여 개의 학교가 발도르프교육의 실제로서 행하여지고 있다. 그 외에도 정신과학대학교, 교사양성학교, 의과대학교, 인지학을 근거로 한 의학과 종합병원, 슈타이너 경제학을 바탕으로 한 은행들, 슈타이너의 농법을 기초로 한 생명역동농법 농장들, 슈타이너의 건축을 기초로 한 건축물들, 예술분야의 학교들, 특수치료시설, 양로원, 사회시설들이 세계 곳곳에서 행해지고 있다.

나는 입으로 말을 하며 신의 뜻을 따릅니다.
아버지와 어머니와
모든 사랑하는 사람들 안에서
동물과 꽃들과 나무와 돌 안에서도
나는 신을 봅니다.
신은 나에게 두려움을 주지 않습니다.
나를 둘러싼 모든 것에
오직 사랑만을 주십니다.

라이겐이란?

독일어인 라이겐은 프랑스어 '라이에'에서 유래되었으며, 집단의 춤(군무)을 의미합니다. 당시에는 자연과 사람들의 관계가 춤에 담겨 있었는데, 그 춤에 담긴 움직임은 이 세상의 움직임이 인간에게 들어와 새로 태어나는 진지한 과정이라고 할 수 있었습니다.

발도르프 유아 교육 기관에서 라이겐은 아이들의 의식화를 돕고 다양한 인간적 행동을 체험하게 하는 예술로서, 모방하는 것이 일상인 아이들이 움직임을 모방하면서 자신 안에 들어오게 만드는 것이라 할 수 있을 것입니다. 이는 삶과 삶 속에서 일어나는 일을 리듬적인 놀이 형태로 아이에게 접하도록 해야 하는 발도르프 유아 교육 기관이 중요하게 생각하는 과제 중 하나라 할 수 있습니다.

라이겐이 아이에게 미치는 영향

· 라이겐의 소재는 일상생활입니다. 일상생활의 다양함이 예술적으로 구성된 동작의 흐름을 따르면서 아이 안에서 조형화됩니다.

· 세상에 대한 관계를 만들어 주고 발전시켜 주며, 경외심을 강화해 줄 뿐만 아니라 삶에 힘을 주는 발달의 기본 조건이 됩니다.

· 감각 발달을 통하여 자신의 육체에 대한 파악력이 키워집니다.

· 라이겐을 통해 내면의 상들이 생겨나는 과정 자체가 아이의 상상력 발달의 좋은 토대가 됩니다.

· 사회성이 키워지고, 타인과의 관계성이 좋아집니다.

· 라이겐은 하루 리듬의 속성이 담긴 작은 하루라고도 할 수 있는데, 하루의 리듬이

인간의 자아 발달에 영향을 미치듯 라이겐은 아이의 몸과 자아가 깊이 연결되도록 도와줍니다.

· 라이겐을 통해 즐거움과 기쁨이 생겨나고 이것은 관심을 자극해 참여를 향한 동기를 불러일으킵니다.

· 또한, 반복을 통해 아이 안에 안정감과 방향성을 주며, 이는 아이 몸 전체의 건강에 긍정적인 영향을 줍니다.

라이겐의 구성

라이겐은 그 자체가 하나의 온전한 리듬이며, 리듬 생활의 일부가 되기 때문에 해마다 반복되는 명절이나 절기, 계절, 축제에 따라 구성합니다. 명절이나 절기에 행하는 인간의 문화적 행동, 자연 현상, 움직임, 이야기 등을 담습니다.

라이겐에는 노래와 시가 담기게 되는데, 아직 육화 단계에 있는 어린아이들에게 노래는 오음계 음악이 더 적합할 것이나 흔히 부르는 동요도 포함될 수 있습니다.

언어의 힘이 내면에서 솟구치는 시기에 있는 유아들에게 라이겐 시의 예술적 언어들은 언어의 힘을 더욱 강하게 해 주고 신체 조직에도 영향을 미칩니다. 언어는 또한 동작을 즐겁게 해 주는 요소이기도 합니다. 의성어, 의태어 등을 사용하면 즐거움이 더해질 수 있으며 소리에 대한 느낌을 형성하게 하여 언어의 본질적인 경험을 하게 합니다.

라이겐 동작으로 표현되는 행위를 프레야 아프케 선생님 [*] 은 크게 세 가지로 나누었는데, 인간의 노동 행위(씨뿌리기, 가꾸기, 추수하기, 빨래하기 등), 인간관계에서의 행위(인사하기, 감사하기, 춤추기 등), 인간과 자연과의 관계가 담긴 행위(동물 보살피기, 계절에 따라 피는 꽃들의 모습, 나무의 모습 등)로 나누었습니다. 이러한 자연과 인

---

[*]   Freya Jaffke_ 독일 발도르프 유치원 교사로 30년 동안 일했습니다. 또한 유치원 교사들을 위한 발도르프 유아 교사 세미나에서 강의를 하고, 유치원 교사들을 위한 많은 책을 썼습니다. 우리나라에도 교사세미나를 위해 방한한 적이 있으며, 저서 『아이들과 함께 그림 그리기』(해오름)는 한국어 번역판이 있습니다.

간의 본질에 일치되는 동작이 담긴 움직임이 라이겐 안에 담깁니다.

라이겐 만들 때 고려할 점

· 라이겐은 느슨하고 자유스러운 형태를 유지하되, 일정한 원형의 형태는 전체 틀의
유지와 아이들의 적응을 도와줍니다.

· 아이들의 발달 단계를 고려해 그에 적합한 동작이어야 하며 반복성이 있으면 좋습
니다.

· 라이겐 시의 언어 의미에 일치하는 동작을 찾아서 구성해야 합니다.

· 전체 동작의 움직임 안에는 양극성(크고 작음, 빠르고 느림, 높고 낮음, 위와 아래 등)
을 두어서 경직성과 일방성을 예방해야 합니다.

· 공간 안에서 방향성과 안정성을 갖게 하고, 시간적으로는 과거, 현재, 미래를 체험
할 수 있으면 좋습니다.

· 원을 도는 동작을 할 때는 시계 방향으로 하는 것이 좋습니다. 아이들이 꿈을 꾸는
듯한 의식으로 참여하게 하기 위함입니다.

라이겐을 할 때 교사의 자세

· 발도르프 교사의 모든 행위가 그러하듯 라이겐 동작을 할 때도 교사의 진정성이 그
안에 담길 수 있어야 합니다.

· 아이들의 모방을 위해 동작이 언어보다 살짝 앞서서 진행될 수 있도록 신경써야 합
니다.(이는 손동작을 할 때도 마찬가지입니다.)

· 정확한 표현에 치중하기보다는 사실적으로 적절한 동작을 할 수 있어야 합니다. 그
러기 위해 노동의 모습이나 사물과 자연의 모습을 유심히 관찰하는 노력이 필요합
니다.

· 언어는 조용하고 자연스러워야 하며 극적이지 않게 즐거운 분위기로 하는 것이 좋
습니다.

· 자음과 모음의 강조가 필요할 때는 조심스레 드러내는 것이 좋으며, 큰 소리와 작은 소리를 구분할 수 있어야 합니다.

· 리듬 생활의 주기에 따라 2~4주 반복해서 진행하는데, 라이겐 하나를 완전하게 이루어도 좋고, 처음에는 짧게 도입하다가 점점 내용을 보충해 가는 식으로 진행되어도 좋습니다. 아이들의 연령대를 고려하여 진행하면 됩니다.

산책(나들이, 바깥 놀이) °

바깥 놀이가 있는 수요일을 제외하고 일주일에 네 번 산책 시간이 있습니다. 아이들과 매일 근처 산으로 나들이를 갑니다. 늘 정해진 코스로 가는데, 금요일에는 다른 코스로 좀 긴 나들이를 합니다. 다음날 등원을 하지 않으므로 살짝 피곤이 더해져도 괜찮을 정도의 거리로 갑니다.

나들이 노래

여행을 떠나요

여 행 을 떠 나 요 - 아 무 도 못 보 는 -

마 술 의 모 자 를 쓰 고   마 술 의 신 발 을 신 고   황 금 줄 을 잡 고 떠 나 요

산에는 늘 자연이 있어서 겨울의 마른 가지에 싹이 트고 잎이 돋고 꽃이 피고, 초록이 무성해지는 여름을 지나 단풍이 들고 열매를 맺고 , 다시 잎을 떨어뜨리고 마른 가지로 되어가는 순환을 가까이에서 보게 됩니다. 봄날의 자벌레들이 얼마나 귀여운 움직임으로 이동을 하는지, 시냇가의 까만 개구리 알과 똥 모양으로 생긴 투명한 도롱뇽 알에서 각각 올챙이가 나오는 것을 지켜볼 수 있습니다. 여름날에는 나무껍질에 붙어 있는 매미 허물을 흔히 보게 되고, 장수풍

뎅이나 사슴벌레들을 여기저기서 만나게 됩니다. 산길을 걷다 두꺼
비나 뱀을 만나기도 하고, 꿩의 후다닥거리는 날개짓에 놀라기도 하
고, 노루나 고라니와 떡하니 마주치기도 하고, 두루미나 솔개가 하
늘을 나는 것을 볼 수 있는 흔치 않은 경험을 하는 일이 참 신기하기
도 합니다. 어쩌면 책에서나 보고 말았을 살아 있는 자연의 동물이나
곤충들은 아이들에게는 신기함 그 자체입니다. 한 번은 산길 초입에
서 무슨 일인지 아래쪽에 와 있던 어린 노루가 산책길 아이들의 재잘
거리는 소리에 제풀에 놀라 도망을 친다는 것이 아이들이 있는 쪽으
로 전력질주해 산 위쪽으로 도망치는 바람에 더더욱 놀란 적도 있지
요. 그 노루에게서 나던 꼬릿한 냄새가 바로 느껴질 정도로 바로 지
척에서 노루를 본 것인데 그것은 아이들에게 큰 인상을 남겨 한동안
그곳을 지날 때마다 그 노루의 모습과 냄새에 대해 두고두고 이야기
를 하곤 했습니다.

　자연은 또한 계절에 따라 많은 먹을거리를 주기도 합니다. 봄날에 따먹는 가시나물, 홑잎나물, 원추리나물은 아이들의 밥상에 올라가기도 하고, 칡순이나 찔레순은 그대로 아이들의 산책길 간식이 됩니다. 여름날의 버찌열매는 아이들 입가를 빨갛게 물들이고, 가을엔 밤과 도토리가 흔한 간식이 됩니다. 이런 경험들을 통해 정서적 발달은 물론, 자연에 감사하는 마음뿐만 아니라 자연에 대한 경외감이 저절로 생겨납니다.

　산길을 걷거나 뛰고, 나무를 오르며 얻게 되는 신체의 발달과 촉감, 생명감각, 균형감각, 고유운동감각의 발달은 자연과 가까이 하면서 얻게 되는 매우 큰 선물입니다.

　비가 오는 날에는 비옷을 입고 나가서 비오는 날의 자연은 어떻게 다른지 느껴 봅니다. 나뭇잎에 달려 있거나 거미줄에 조롱조롱 맺혀 있는 빗방울들을 보면서 그 은방울의 아름다움에 감탄을 합니다. 비옷 위로 떨어지는 빗방울은 또 얼마나 색다른 느낌인지 모릅니다. 비가 많이 내릴 때는 길 위에 고인 물에 들어가 첨벙거리며 장화 속까지 적시기도 하지만 이 또한 유아 시기가 아니고서는 절대 경험하지 못할 즐거움입니다. 눈이 내리는 겨울은 또 얼마나 즐거운지요. 눈 위에 누워 눈천사도 만들어 보고 눈싸움도 해 보고 커다란 눈사람을 만들어 보는 것이 아이들에겐 큰 기쁨입니다.

    산으로 가지 않는 수요일에는 바깥 놀이를 합니다. 원 뒷마당에 자리한 모래 놀이터와 작은 흙동산에서 흙을 파며 놀기도 하고 그네를 타기도 하고, 날씨에 따라 마을 놀이터에 가기도 합니다.

    일곱 살 아이들은 이 시간에 텃밭 가꾸기도 합니다. 텃밭에 씨를 뿌리거나 모종을 심어 채소가 자라면 그것이 점심 식재료나 간식이 되기도 합니다. 채소를 싫어하던 아이가 원 텃밭에서 키운 채소로 만들었다는 설명과 함께 건넨 샐러드를 잘 먹어 주는 것은 덤입니다.

    간혹, 심한 미세 먼지나 황사로 인해 바깥 활동을 제한해야 하는 경우가 있습니다. 이럴 때는 실내에서 하는 모둠 놀이를 합니다. 평소 실내 자유 놀이에서는 교사의 개입이 거의 없는 것과는 달리 이때는 교사와 아이들이 함께 어울려 놀이를 하게 됨으로써 아이들은 규칙과 방법, 기다림, 배려 등에 대해 배우게 되는 시간이기도 합니다. 이런 색다른 즐거움은 아이들을 기쁘게 합니다.

모둠 놀이에 대하여 ⭐

미세 먼지 등 악천후로 인해 바깥 놀이가 어려운 경우, 실내 자유 놀이를 반복하는 대신에 교사와 아이들이 함께 모여 아이들의 수준에 적합하면서도 승부를 가리지 않는 모두가 주체가 될 수 있는 놀이를 하는 것은 아이들에게 즐거움을 선사합니다. 이러한 모둠 놀이는 소풍날에 아이들과 부모님들이 모두 함께할 수 있는 놀이이기도 합니다.

모둠 놀이의 장점
· 주인공이 따로 있지 않고 아이 한 명 한 명이 놀이의 주체가 될 수 있습니다.
· 놀이 규칙을 통해 인내심과 기다림을 배우게 됩니다.
· 혼자 하는 놀이가 아니라 여럿이 함께하기 때문에 소극적인 아이도 즐겁게 참여할 수 있습니다. 때로 적극적으로 참여를 하지 않고 자리에 함께 있기만 하더라도 놀이를 통한 즐거운 감정은 나눌 수 있습니다.

모둠 놀이에서 교사가 주의해야 할 점
· 참여하는 모든 아이가 골고루 주체가 될 수 있게 신경 씁니다.
· 혼합 연령인 경우 어린 아이들이 놀이 규칙을 잘 이해할 수 있게 하고, 어린 아이가 수행하기 어려운 경우에는 교사가 함께합니다.
· 먼저 술래 등의 주체가 돼 본 아이들이 흥미를 잃지 않도록 놀이의 반복 횟수 등에 신경 씁니다.
· 놀이 시간과 아이들이 골고루 돌아가며 할 수 있는 시간적 배분에 대해 신경 씁니다.

다음은 모둠 놀이 사례입니다.

⭐ 오른쪽 자리가 비어 있어요

놀이 형태: 앉아 있는 원

놀이 방법: 적당한 간격으로 원을 만들어 둘러앉은 다음 교사 옆 한 자리를 비워 둔다. 교사가 노래를 부르면서 아이들을 둘러보고 노래에 맞춰 아이 한 명을 지명해 옆 자리로 오게 한다. 이때 이 아이가 흉내 낼 수 있는 동물이나 곤충의 이름을 대고 아이는 그 동물이나 곤충을 흉내 내며 교사의 옆 자리로 온다. 옮겨 온 아이의 자리가 비어 있으므로 그 왼쪽에 있는 아이를 보면서 놀이를 계속한다.

주의점: 아이들이 흉내 내기 적합한 동물이나 곤충(호랑이, 토끼, 참새, 나비 등)의 이름을 대 주고, 때로는 비어 있는 자리 왼쪽에 있는 아이가 흉내 대상을 지명할 수 있도록 해 주는 것도 좋다.(○○아, ××가 무엇이 되어 오면 좋겠어?)

오른쪽 자리가 비어 있어요

밝고 즐겁게   이미애 작사, 작곡

오 른 쪽 자 리 가 비 어 있 어 요 ○ ○ 이 가 여 기 로 왔 으 면 좋

겠 어 요 △ △ 이 가 되 어 서 왔 으 면 좋 겠 어 요

⭐ 뱀꼬리 잇기

놀이 형태: 서 있는 원

놀이 방법: 교사가 뱀의 몸통이 되어 원 안에서 노래를 부르며 걷는다. "말해 주렴. 말해 주렴. 나에게 한 조각을 주겠니?" 노래 구절에 맞춰 한 아이 앞에 서서 시선을 맞춘다. 아이는 "네" 혹은 "아니요"로 대답할 수 있다. "네"로 대답한 아이는 교사의 다리 사이로 기어 나가 교사의 허리를 잡고 뱀의 꼬리가 된다. 이 과정을 반복하면서 뱀은 점점 길어지게 되고 마지막 한 아이까지 모두 이어지면 놀이를 마친다.

주의점: "아니요"로 대답한 아이에게 다시 긍정의 대답을 할 수 있는 기회를 주는 것이 좋다. 뱀의 길이가 길어지면 아이들이 다리 사이로 기어 나가는 것이 쉽지 않을 수 있으므로 기어 나가는 동안 한 쪽 다리를 들어 주게 한다든지 어른이 옆에서 도움을 주는 것이 좋다.

뱀꼬리

흔 들 흔 들 거 리 며 산 길 을 내 려 오 다 꼬 리 를 잃 어 버 려

다 시 찾 고 싶 어 하 네 말 해 주 렴 말 해 주 렴

나 에 게 한 조 각 을 주 겠 니

⭐ 반지

놀이 형태: 앉아 있는 원

놀이 방법: 원으로 앉은 아이들은 손바닥을 마주해 앞으로 중앙을 가리키며 앉아 있고, 원 안에서 교사는 서서 손바닥을 마주 보게 하고 그 안에 반지(대개 교사의 링 반지로 하는데 반지가 없을 때는 돌멩이 같은 다른 작은 자연물로 대체할 수도 있다. 이럴 땐 노래도 '반지' 대신 '돌멩이'로 바꾸면 된다)를 넣고 노래를 부르며 시계 방향으로 아이들 한 명 한 명 마주 대고 있는 손바닥 사이를 가르며 지나간다. 노래가 끝나기 전에 다른 아이들이 알아채지 못하게 한 아이에게 반지를 건넨다. 노래가 끝날 때까지 교사는 모은 손을 계속 아이들 손바닥 사이를 가르며 지나간다. 노래가 끝나면 "꼭꼭 숨어라, 머리카락 보일라. 꼭꼭 숨어라, 옷자락이 보일라."후렴구를 말하며 모은 손을 양쪽 귀 옆에서 두 번씩 흔든다. 그 다음 아이 한 명을 지명해 "○○야, 반지가 어디 있을까?"하고 묻는다. 아이는 짐작하는 아이 앞으로 가서 서고 앉아 있는 아이는 마주 본 손바닥을 벌려 보여준다.

그 아이 손 안에 반지가 없으면 옆으로 한 명 한 명 계속 지나가며 서고 아이들은 손을 벌려 보여준다. 반지를 찾게 되면 그 자리에 앉고 반지를 갖고 있던 아이부터 다시 놀이를 이어간다.

주의점: 혼합 연령으로 조금 어린 아이가 섞여 있을 경우에는 아이가 반지를 숨기는 것을 교사가 도와주며(아이의 모은 손가락 끝에 반지가 걸쳐지게 두고 그 아이의 등 뒤에서 교사가 안듯이 해 아이의 손을 교사의 두 손바닥으로 마주 잡고 같이 걸어가다 반지를 다른 아이의 손바닥 안에 떨어뜨려준다), 가급적 반지를 가져 보지 못한 아이에게 전하도록 한다. 반지를 찾는 아이는 교사가 지명해서 골고루 반지를 숨겨 볼 수 있도록 하며, 반지를 갖고 있는 아이를 지명하게 되지 않도록 교사는 아이들이 반지를 놓는 순간을 주의 깊게 지켜본다.

반지야, 반지야

독일 원곡

반 지 야 반 지 야 너 는 나 들 이 간 다   한 손 에 서   다 른 손 으 로

오 정 말 즐 거 워   오 정 말 즐 거 워   아 무 도 모 르 게   놓 아 주 세 요

(꼭꼭 숨어라 머리카락 보일라 꼭꼭 숨어라 옷자락이 보일라 ○○야, 반지야 어디 있을까?)

🌠 나룻배

놀이 형태: 앉아 있는 원

놀이 방법: 원 한가운데에 교사가 앉아 노래를 부르며 노랫말에 맞춰 "○○이가 함께 가지."하며 한 아이를 지명한다. 지명된 아이는 교사와 마주 보고 앉아 서로 팔을 내밀어 손을 잡고 노를 젓듯이 앞뒤로 상반신을 흔들며 노래를 부른다. 앉아 있는 아이들은 자신의 이름이 불려지면 교사와 마주 앉은 아이 뒤에 교대로 허리를 잡고 앉아 노래를 함께 부르며 배의 노를 젓는다. 모든 아이가 양쪽으로 늘어앉게 되면 후렴구를 "우리 모두 함께 가지"로 바꾸어 부른 다음 노래가 끝나면 "드디어 도착했네. 이제 모두 집으로 돌아가요."하며 놀이를 끝낸다.

주의점: 기다리기 어려워하는 아이들을 먼저 불러 앉게 하는 것이 좋다.

나룻배

두 둥 실 - 나 룻 배 타 고 누 가 누 가 함 께 갈 까
○ ○ 이 가 함 께 가 지 어 기 영 차 - 노 를 저 어 라

⭐ 문이 닫혔어요 문이 열렸어요

놀이 형태: 모두 팔을 벌려 손을 잡고 서 있는 원

놀이 방법: 노랫말에 맞춰서 "문이 닫혔어요."를 할 때는 손을 잡은 채 원 한가운데를 향해 걸어가고 "문이 열렸어요."를 할 때는 뒷걸음질로 바깥쪽으로 걸어 나온다. 교사가 한 아이를 불러 가운데로 나가서 "선생님과 OO이가 다시 만났어요."를 하며 양손을 잡고 마주서서 "신나게 춤을 춰요.~~~" 노랫말에서 양쪽으로 번갈아 스텝을 밟으며 춤을 춘다. "다시 또 만나요."에서는 한 손을 흔들며 인사를 나누며 제자리로 돌아간다. 반복하면서 교사가 두 아이의 이름을 불러 준다.

주의점: 활달한 아이와 소극적인 아이가 서로 짝이 되게 하면 좋고, 평소 서로 좋아하는 친구 사이인 아이들끼리 짝이 되게 하는 것도 좋다. 교사는 아이들이 춤을 추는 동작을 할 때 과격하게 뛰면서 넘어지거나 하지 않도록 신경 쓴다.

문이 닫혔어요, 문이 열렸어요

⭐ 빙빙 돌아요

놀이 형태: 서 있는 원

놀이 방법: 교사가 원 바깥에서 노래를 부르며 걷다가 "토닥토닥 어깨 위를" 노랫말 부분에서 한 아이 뒤에 멈춰서 노래를 부르며 어깨를 안마하듯 두드려 준 다음 "나를 따라 오세요."부분에서 아이의 손을 잡고 원을 돌며 처음부터 노래를 다시 시작한다. 노래에 맞춰 이제 두 명이 두 명의 뒤에 서서 어깨를 두드려 준다. 이제 네 명이 된다. 이렇게 반복하면 처음 원에 서 있는 아이들이 줄어들게 될 것이다. 어깨를 두드려 주는 아이의 뒤에 다른 아이가 서서 어깨를 두드려 주는 식으로 밖에서 걸어가는 아이들이 많아지고 마침내 모든 아이가 따라오게 되면 놀이가 마무리된다.

주의점: 키 작은 아이가 키 큰 아이나 교사의 어깨를 두드리게 될 때는 무릎을 꺾어 키 높이를 맞춰 줄 수 있도록 미리 알려준다.

빙빙 돌아요

빙 빙 돌아요 둥그런 원을 빙 빙 돌아요

둥그런 원을 빙 빙 돌아요 둥그런 원을 나를 따라

오세요 토닥토닥토닥 어깨위를 토닥토닥토닥 어깨위를

토닥토닥토 닥 어깨위를 나를 따라 오세요

56

🌟 빙글빙글 돌아

놀이 형태: 모두 팔을 벌려 손을 잡고 서 있는 원

놀이 방법: 교사가 노래를 부르며 원 안을 돌며 걷는다. "창을 활짝 열면" 노랫말에서 원에 서 있는 사람들은 팔을 위로 올려 교사가 통과할 수 있게 하고, 교사는 노래를 부르며 원의 안과 밖을 넘나들며 돈다. "친구야 나랑 놀자." 노랫말에서 교사가 한 아이 등을 살짝 터치해 주고 손을 잡고 함께 원을 돌며 계속 노래한다. "빙빙 돌아요" 놀이처럼 그 다음 돌 때는 네 명이 되고 점점 숫자가 늘어간다. 아이들 모두가 새로운 원이 되어 손을 잡게 되면 놀이가 마무리된다.

주의점: 어린 아이들은 자신의 순서가 될 때까지 기다리는 것이 쉽지 않으므로 혼합 연령일 경우 어린 아이를 우선적으로 교사의 손을 잡고 돌게 해 주는 것이 좋다. 아이들이 많을 경우에는 "친구야 나랑 놀자." 노랫말이 두 번 반복되므로 그 노랫말마다 각기 다른 아이를 터치해 주면 좀 더 놀이가 빨리 마무리되어 지루하지 않게 된다.

빙글빙글 돌아

독일 원곡

빙글 빙글 돌아 빙글 빙글 돌아 빙글 빙글 돌아 둥근 해 처럼
창을 활짝 열면 창을 활짝 열면 창을 활짝 열면 해님 이 있네

친구야 나랑 놀자 친구야 나랑 놀자 친구야 나랑 놀자 손에 손잡고

해도 달도 별도 꽃도 나무도 모두 손에 손을잡고 친구야 놀자

☆ 사랑하는 친구여

놀이 형태: 두 겹으로 서 있는 원(짝을 이룬 원)

놀이 방법: 안쪽 원에 서 있는 사람과 바깥 원에 서 있는 사람이 서로 마주 보고 짝이 되어 노래한다. 처음 시작은 양손을 허리에 올리고 노래하다가 노랫말에 맞춰 그대로 몸동작을 한다.(두 손을 마주 잡고: 짝끼리 손을 마주 잡는다. / 오른쪽으로: 손을 마주 잡은 채 각자 자신의 오른쪽으로 두 발을 동시에 폴짝 뛴다. / 빙빙 돌아요, 즐겁게: 손을 잡은 채 한 바퀴 돈다.) 3절까지 노래가 끝나면 바깥쪽 원에 있는 사람이 시계 방향으로 한 칸 옆으로 이동해 처음부터 다시 시작한다.

주의점: 두 겹의 원을 만들 때 어린 아이는 안쪽 원에 조금 큰 아이가 바깥쪽 원에 서게 하면 자리를 이동할 때 큰 아이들이 좀 더 잘 할 수 있다.

사랑하는 친구여

독일 원곡

1. 사 랑 하 는 친 구 여   나 와 함 께   두 - 손 을   마 주 잡 고
2. 손   가   락 을   톡   톡 톡   고 - 개 를   끄 덕 끄 덕
3. 앞   꿈   치 를   톡   톡 톡   뒷 꿈 치 를   쿵 쿵 쿵

오른 쪽 으 로   왼 쪽 으 로   빙 빙 돌 아 요   즐 겁 게

🌟 강아지와 뼈다귀

놀이 형태: 앉아 있는 원

놀이 방법: 아이들 중 먼저 강아지를 할 아이 한 명을 지명하고 그 아이는 강아지가 되어 원 한가운데 눈을 감고 엎드려 있게 한다. 아이 머리맡에는 산호 조각이나 나뭇가지 등 뼈다귀로 상징되는 작은 물체를 놓아둔다. 교사가 "어느 추운 겨울날 강아지 한 마리가 부뚜막에서 잠을 자고 있어요."(이 말은 계절에 맞춰 "햇볕이 뜨거운 어느 여름날에 강아지 한 마리가 시원한 나무 그늘 아래에서 잠을 자고 있어요."식으로 변화를 준다.)라고 말을 한 다음 조용히 한 아이를 손짓으로 불러내 뼈다귀를 가져가게 한다. 원에 있는 아이들은 모두 손 안에 뼈다귀가 있는 듯 손을 모으고 있게 하는데 교사가 "강아지야, 강아지야. 뼈다귀가 없어졌어. 뼈다귀가 어디에 있을까?"하고 말을 하면 강아지가 된 아이가 눈을 뜨고 뼈다귀를 갖고 있을 것으로 짐작되는 아이 앞에 가서 "멍 멍"하고 짖는다. 강아지가 "멍 멍"하고 짖으면 모은 손을 펼쳐서 보여 준다. 자신이 짐작한 아이에게 뼈다귀가 없으면 옆으로 이동하면서 계속 "멍 멍"하고 보여 달라는 신호를 보낸다. 마침내 뼈다귀를 찾으면 강아지였던 아이가 그 자리에 앉고 뼈다귀를 가졌던 아이가 다시 원 가운데로 가서 강아지가 되어 놀이를 반복한다.

주의점: 함께 하는 모든 아이가 강아지가 되어 볼 수 있게 하되, 놀이의 규칙을 익힐 수 있도록 처음에는 큰 아이가 강아지가 되고 몇 번 반복한 뒤에는 지루할 수 있는 어린 아이들이 먼저 강아지가 되어 보게 한다. 강아지가 된 아이는 뼈다귀를 찾을 때 말을 할 수 없고 강아지처럼 "멍 멍"하고 짖어야 한다는 것을 미리 알려준다.

✨ 별 헤아리기

놀이 형태: 앉아 있는 원

놀이 방법: 교사가 원 가운데에 책상다리로 앉고 그 위에 보자기(면이나 실크 천)를 덮은 다음 한 아이를 불러 눈을 감고 보자기 위에 엎드리게 한다. 아이의 등을 교사의 양 손바닥으로 원을 그리듯 쓸어 주며 노래를 부른다. 노래를 마치면 아이의 등에 천천히 손가락으로 맞추어야 하는 수만큼 꼭꼭 눌러 짚어 준 다음 "○○야, 밤하늘에 별이 몇 개 떠 있을까?"하고 아이에게 묻는다. 아이가 맞추지 못한 경우 다시 한번 손가락으로 짚어 주고 "몇 개?"라고 묻는데, 어린 아이의 경우에는 작은 소리로 숫자를 헤아리며 짚어 주어 맞출 수 있도록 해 준다.

주의점: 큰 아이들은 양손을 동원해 자신의 나이보다 조금 많게 짚어 주는 것도 가능하나, 어린 아이의 경우에는 아주 천천히 작은 숫자만큼만 손가락 짚기를 해 주는 것이 좋다.

밤하늘에 밤하늘에

독일 원곡

밤 하 늘 에　　밤 하 늘 에　　얼　마 나 많 은 별 이　떠 있 을 까

('별 헤아리기'와 '다람쥐와 도토리'는 모둠 놀이로도 할 수 있지만 하원 시간에 좀 늦게까지 남아서 부모를 기다리는 몇몇 아이의 무료함을 달래 주는 일대일 놀이로도 할 수 있습니다.)

⭐ 다람쥐와 도토리

놀이 형태: 앉아 있는 원

놀이 방법: 교사가 앉아 있는 아이 중 한 아이를 향해 마주 보고 앉는다. 한쪽 손 안에 도토리나 작은 돌멩이 등의 자연물을 감춘 다음 양손을 주먹을 쥔 채 위아래로 교차하면서 노래를 부른다. 노래가 끝나면 상대편 아이가 도토리를 찾게 한다. 도토리를 찾으면 이번에 그 아이가 옆에 앉은 아이를 향해 앉아 노래를 하며 도토리를 감춘다. 도토리를 찾지 못하면 다른 아이에게 가서 다시 시도해 본다.

주의점: 모든 아이가 기다리는 것이 지루할 수 있는 상황이면 두 모둠 정도로 나누어 각기 모둠별로 진행해 볼 수 있다. 이때 각 모둠에 놀이를 이끌 수 있는 교사가 한 명씩 있는 것이 놀이가 흐트러지지 않도록 하는데 도움이 된다.

귀여운 다람쥐가

독일 원곡

이야기 시간。

  리듬 생활의 주제와 연관된 이야기를 매일 아이들에게 들려주는 것은 아이들의 언어 능력을 키워 줄 뿐만 아니라 집중력을 향상시키고 기억력을 발달시킵니다. 이야기 속에서 아이들은 일상의 대화 속에서는 잘 사용하지 않는 어휘들을 만나게 되며 새로운 언어에 익숙해집니다. 짧게는 2주, 긴 이야기는 4주 동안 반복해서 들려주는데 같은 이야기를 반복해서 듣는 것은 아이들에게 안정감을 줍니다. 아이들이 익숙하게 알고 있는 세계에서 안정감을 갖듯이, 반복되는 이야기를 들을 때 아이는 자신이 아는 이야기가 전개되고 있음에 편안함과 안정감을 느낍니다.

이야기 시작 노래

이 이야기 저 이야기

꿈결 같은 느낌으로   작곡 미상, 이미애 편곡

이 이야기 저 이야기   옛날 이야기 이야기 주머니 속에

어떤 이야기 있을까   아름다운 이야기 오늘도 들려줄게요

발도르프 유아 교육 기관에서 이야기를 들려줄 때는 교사와 아이들 간에 다른 매체가 개입하지 않습니다. 다만 동화 테이블 위에 작은 촛불 하나만을 밝혀 놓습니다. 촛불은 그 따뜻한 기운으로 아이들의 산만함을 잠재우고, 이야기 나라로 깊숙이 들어올 수 있게 도와줍니다. 우리가 어릴 적에 할머니가 손주를 무릎에 앉혀 놓고 조용하고 나즉한 목소리로 "옛날 옛날에..."하며 들려주듯이, 교사는 이야기를 외워서 들려줍니다. 그러면 아이들 한 명 한 명과 시선을 마주치며 이야기를 들려줄 수가 있고, 그렇게 직접적으로 교사의 영혼과 아이들의 영혼이 이야기를 통해서 만나게 됩니다. 때로는 무릎 동화나 테이블 동화 방식으로 이야기를 들려주기도 합니다. 이럴 때 아이들은 좀 더 잘 집중합니다. 이렇게 아이들의 내면으로 들어간 이야기들은 놀이 시간에 곧잘 재연되곤 합니다.

이야기 시간은 아이들에게 있어 당장의 집중력이나 사회성을 배우는 것에 그치지 않고, 이후에 아이가 살아가는 세상에서 성인이 되어서까지도 사고의 방식이나 방향성에 영향을 줍니다. 한 예로 약속한 것을 잘 지키지 않던 아이가 「개구리 왕자」 이야기를 듣고 나서는 '약속은 지켜져야 하는 법'이라는 다른 친구들의 말에 순응하게 되었습니다. 아마도 이 사고방식은 그 아이가 어른이 되어서도 두고두고 영향을 끼치게 될 것입니다.

이야기 마치는 노래

이 이야기 저 이야기

꿈결같은 느낌으로   작곡 미상, 이미애 편곡

이　이야기　저　이야기　　옛　날　이　야　기

rit.

아　름　다　운　이　야　기　　내　일　도　들　려　줄　게　요
(다음에　또　들　려　줄　게　요)

리듬 생활에 맞는 이야기를 들으면 아이들은 그 이야기가 담고 있는 의미를 어른보다 훨씬 더 잘 알아채고 아주 집중해서 듣습니다. 간혹 어떤 문제를 갖고 있거나 문제 상황에 빠져 있는 아이들에게 도움이 될 이야기를 들려주고 싶을 때가 있습니다. 그럴 때는 전체적인 문제가 아니라면 리듬 생활에서는 정해져 있는 이야기를 들려주고 개인에게 적합한 이야기는 치유를 위한 동화로 만들어 가정에 보

내기도 합니다.

다음 이야기는 자신보다 뒤늦게 새로 입학한 동갑 친구를 받아들이지 못하고 자꾸 마음에서 밀어 내어 상대방도 자신도 스트레스를 받고 있는 한 아이를 위해 만들어진 치유동화의 한 예입니다. 시간이 지나도 관계가 나아지지 않고 조금씩 더 악화되어 가고 있어 교사와 부모 모두 걱정을 하다가 새로운 친구를 향해서 이 아이의 마음이 열렸으면 좋겠다는 간절함을 담아 이야기를 만들었지요. 부모님께서는 한동안 아이가 잠자기 전에 이 동화를 들려주었습니다. 부모님과 교사의 마음이 전해졌는지 아이의 마음이 조금씩 열리고 그 친구를 받아들이게 되었지요. 이런 치유동화는 아이의 상황에 맞춰 교사나 부모님들께서 직접 만들어 들려주면 좋습니다.

'꽃들의 숲'이라고 불리는 아름다운 성이 있었어요.

온 산과 들에는 꽃들이 가득 피어 있었고 작은 꽃씨들이 떨어져 계속 꽃들이 피어나 천지가 꽃향기로 가득한 곳이었어요.

그곳에서 요정들은 꽃과 꽃 사이를 오가며 부지런히 꽃을 가꾸었어요. 꽃들은 요정들의 부지런함에 화답하듯 아름답게 피어났어요.

이 요정들 나라에는 작고 귀여운 한 소년이 있었어요. 소년은 요정들과 어울려 노는 것을 참 좋아했어요.

어느 날 이 성에 이웃 나라 요정들이 초대되어 온다는 소식이 전해졌어요. 그런데, 소년은 이웃 나라 요정들이 오는 것이 싫었어요.

이 아름다운 성에는 문이 딱 한 곳이 있는데 소년은 어두운 밤 몰래 문으로 가서 아무도 오지 못하도록 커다란 자물쇠를 채웠어요. 그리고 열쇠는 그 누구도 찾지 못하도록 땅속에 꽁꽁 묻어 버렸어요.

이웃 나라 요정들이 이 성으로 와 성문을 쾅쾅 두드렸지만 누구도 성문을 열 수가 없었어요. 소년은 기뻤어요. 지금처럼 자신만이 요정들과 어울려 놀 수 있다고 생각하니 자물쇠를 잘 채웠다는 생각이 들었지요.

다음날도 그 다음날도 이웃 나라 요정들이 와서 성문을 두드렸지만 아무도 성문을 열어줄 수가 없었어요. 소년은 여느 때처럼 요정들과 꽃들 사이를 오가며 향기로운 꽃향기를 마시며 놀았어요.

며칠이 지났어요. 이상하게도 꽃향기가 예전처럼 향기롭지 않았고 요정들은 기운이 없어 보였어요. 그리고 꽃들이 점점 시들어 갔어요.

사실, 이웃 나라는 '꽃의 나라'로 이 나라 요정들은 일 년에 한 번씩 이 성에 살고 있는 요정들에게 꽃을 가꾸는 마법의 가루를 가져다 주는 요정들이었어요. 그런데 그 마법의 가루가 없으니 이 성의 요정들은 꽃을 가꿀 수 없었고 꽃이 점점 시들어간 것이죠. 꽃이 시들자 꽃향기를 마시며 힘을 얻어 왔던 요정들은 점점 힘을 잃어 갔던 것이었지요. 뒤늦게 이 사실을 알게 된 소년은 너무나 괴로웠어요.

아름답던 성은 그렇게 점점 황폐해졌어요. 소년은 아름답던 예전의 성이 너무 그리워졌어요. 소년은 성문을 열 수 있는 열쇠를 땅속에서 파냈어요. 그 열쇠로 성문을 잠갔던 자물쇠를 열고 성문을 활짝 열었어요. 그리고 이웃 나라를 향해 열심히 달려갔어요.

며칠이 지나서 이웃 나라인 '꽃의 나라'에 도착한 소년은 그 나라의 요정들에게 자신의 잘못을 이야기하고 용서를 빌었어요. 물론 이웃 나라 요정들은 잘못을 뉘우치는 소년을 용서했지요. 그리고 마법의 가루를 가지고 소년과 함께 성으로 왔어요.

'꽃의 나라' 요정들이 시들은 꽃송이에 마법의 가루를 뿌리자 꽃송이가 싱싱하게 살아났어요. 요정들은 부지런히 꽃들 사이를 옮겨 다니며 마법의 가루를 뿌렸어요. 며칠이 지나자 성은 다시 예전의 모습을 되찾았어요.

꽃들은 계속 피어났고 꽃들의 향기는 성 안을 가득 채웠지요. 꽃향기를 맡은 성의 요정들은 기운이 났고 소년은 그 요정들과 어울려 예전처럼 신나게 뛰어 놀았어요.

그 후 소년은 다시는 성문에 자물쇠를 채우는 일을 하지 않았어요. 그래서 이웃 나라 요정들이건 누구건 이 아름다운 성에 오고 싶어 하는 이는 누구나 올 수 있었지요.

소년은 '꽃들의 숲' 요정들뿐만 아니라 다른 요정들과도 친구가 되었어요. 성은 이제 꽃향기만 가득한 게 아니라 친구들과 어울려 행복에 찬 소년의 웃음소리로 늘 가득했어요.

동화란

일반적으로 어린이를 위해 만들어진 이야기를 동화라고 이야기합니다. 많은 부분 그렇기도 합니다. 그러나 요즘 시중에 범람하고 있는 많은 창작 동화는 고전적인 엄밀한 의미로 보면 동화라 부를 수 없는 이야기들이 대부분입니다. 가까운 나라 일본에서는 이런 종류의 이야기를 생활 동화라 부르고 있습니다. 주변에서 흔히 일어날 수 있는 생활 속의 이야기라는 의미이지요. 이러한 창작 동화는 현재를 사는 인간이 갖고 있는 지적인 것에서 나온 것으로 전래 동화에서 볼 수 있는 풍부한 이미지나 지혜가 담겨 있지 않습니다.

고전적 의미에서 동화라는 것은 예부터 내려오는 교훈적인 이
야기라고 할 수 있습니다. 옛날 땅보다 하늘에 더 큰 의미를 두
고 살던 시절, 사람들이 정신적인 세계와 가까웠던 시절에는 현
자가 사람들에게 가르침을 주었는데 그 수단이 이야기였습니
다. 정신적이고 올바른 삶의 태도를 그림적인 이야기를 통해 가
르친 것입니다. 그래서 많은 동화가 권선징악의 내용을 담고 있습니다. 이러한 이야기들은 오랜 세월 입에서 입을 통해 오늘날까지 전해져 신화, 설화, 동화의 형태로 남아 있습니다.

독일에서는 그림 형제가 1812년부터 1815년경에 이러한 이야기들을 수집, 정리하였고 이것이 오늘날 동화의 원형으로 전해지고 있습니다. 우리나라에도 예로부터 내려오는 이야기들이 많이 남아 있습니다. 이런 이야기를 전래 동화라 불러 현대의 창작 동화 혹은 생활 동화와 구분합니다. 아이들에게는 이런 전래 동화를 들려줌으로써 아직은 완전한 육화가 이루어지지 않고 정신세계에 머무는 그들에게 다양한 삶의 체험을

제공하면서 교훈을 줄 수 있습니다.

아이들에게 들려주기에 적합한 또 다른 이야기가 있습니다. 전래 동화와 구분지어 '리듬 있는 이야기'라고 하는 것이 그것인데, 많이 알려진 「커다란 순무」, 「염소 브루세」, 「빨간 머리 암탉」 등이 여기에 해당합니다. 이야기 속에 일정한 내용이나 어휘가 반복되면서 리듬을 갖고 있는 이야기로, 이런 이야기는 좀 더 어린 아이들에게 재미와 더불어 안정감을 줍니다. 대부분 내용 자체도 길지 않기 때문에 어린 연령의 아이들에게 적합합니다.

어떤 동화나 이야기를 들려주면 좋은가

아이들에게 어떤 동화를 들려주는 것이 좋을지는 많은 어머니와 교사가 한번쯤 생각해 보았을 의문일 것입니다.

어떤 동화는 읽다 보면 어른의 입장에서 '이 이야기는 너무 잔인한 표현이 많아서 아이들에게 적합하지 않은 것 같아.'라고 생각하게 만듭니다. 많이 알려진 그림 형제의 동화 중에도 결말 부분에 그런 잔인하게 느껴지는 표현들이 있습니다. 그러나 아이들은 표현 하나하나에 매이지 않습니다. 아이들은 이야기를 전체로 받아들여서 그 이야기가 의미하는 것을 내면적으로 이해합니다. 그런 의미에서 본다면 어린아이들이 어른들보다 훨씬 더 동화의 의미를 직접적으로 이해할 수 있는 능력이 있습니다. 그리고 아이들은 이런 이야기들을 동화에서 일어나는 사건으로 받아들입니다. 만약 이런 동화를 디즈니사에서 만든 영화로 보여 주어서 그런 잔인한 표현을 보게 된다면 그것은 동화에서 일어나는 일이 아닌 지상에서 일어나는 일로 받아들이기 때문에 확실히 아이들에게 잔인함 그 자체로 비춰질 것입니다. 그렇게 되면 동화는 아이들에게 동화로서의 가치(의미)를 잃게 됩니다.

그럼에도 불구하고 들려주는 이가 내면적인 거부감을 가지면서 '좋은 이야기라고 하니까 그냥 들려줘야지.'하는 태도보다는 본인이 공감하는 다른 이야기를 찾아서 들려주는 것이 좋습니다.

아이들에게 동화를 들려줄 때는 계절에 맞
게 들려주는 것도 중요합니다. 신록이 푸르
른 여름날에 눈발이 흩날리는 겨울 이야기를
들려준다면 아이들은 혼란스러울 것입니다.
그 계절을 느낄 수 있는 상황을 담은 이야기
를 들려준다면 훨씬 더 생동감 있는 상상이
가능할 뿐더러 안정감을 갖고 이야기를 들
을 수 있습니다.

동화 중에는 이야기의 결말이 지상이 아닌 하늘나라에서 끝나는 것이 있습니다. 아이
들에게 들려주는 동화는 결말이 이 지상에서 끝나는 이야기를 선택하는 것이 좋습니
다. 일례로 우리나라 전래 동화인 「선녀와 나무꾼」은 이야기의 결말이 선녀가 하늘
로 올라가는 것에서 끝나므로 육화가 진행되고 있는 아이들에게 맞지 않습니다. 어린
이는 정신세계에서 지상으로 내려왔으나 아직 완전한 육화가 이루어지지 않았기 때
문에 지상에서 행복하게 끝나는 이야기를 통해 이 세상이 행복한 곳이라는 생각을 하
게 됩니다.

이야기 들려주기

·동화를 들려줄 때는 서정적이 아닌 서사적으로, 그러나 차분한 목소리로 들려주는 것
이 좋습니다. 그렇게 동화를 들으면 아이들 스스로 충분한 상상력을 발휘할 수 있습
니다. 성우가 들려주듯 풍부한 감정을 담아서 구연 동화식으로 들려주는 것은 아이
들 스스로 상상할 수 있는 범주를 좁혀 놓습니다. 그렇기 때문에 대화체가 많은 구성
보다는 문어체로 된 이야기가 좋습니다. 같은 맥락에서 동화를 그림책을 보면서 들
려주는 것도 좋지 않습니다.

여름에 들려주는 이야기 중에 그림 형제 동화 「개구리 왕자」가 있습니다. 그 이야기에서 막내 공주를 묘사하는 것을 보면 이렇습니다. "막내 공주는 얼마나 예쁜지 온 세상을 비추며 많은 것을 보아 온 해님까지도 막내 공주의 얼굴을 비출 때마다 감탄하지 않을 수 없었어요." 이 묘사를 들은 아이들은 자신이 상상할 수 있는 가장 아름다운 모습으로 공주를 상상합니다. 그림책 속에서 그림으로 형상화된 막내 공주를 보며 동화를 들은 아이는 책에 그려진 모습 이상으로 공주를 상상할 수 없습니다. 실제로 3년 동안 여름마다 이 동화를 들었던 한 아이가 일곱 살이 되어서 어느 날 어머니와 함께 도서관에 갔다가 그곳에서 「개구리 왕자」 그림책을 찾아서 보게 되었는데, 책에 그려진 막내 공주의 모습을 보고는 매우 실망을 했다고 합니다.

·아이들에게 동화를 들려줄 때는 같은 이야기를 2~4주 들려줍니다.

어린아이들이 동화를 처음 들으면 어른처럼 동화의 내용을 즉시 개관할 수 없기 때문에 총체적으로 구성화하지 못합니다. 같은 동화를 반복해 들으면서 차츰 내용이 구성되어 마음속에 자리 잡습니다.

또한 아이들은 이런 반복을 통한 리듬에 의해 세상에 대한 안정감과 신뢰감을 갖게 됩니다.

몇 해 동안 같은 이야기를 반복해서 듣고 자란, 졸업을 앞둔 아이들은 지루해하지 않을까 걱정하는 분이 계시지만 오히려 이 아이들은 여러 해 동안의 반복을 통한 안정감으로 훨씬 더 진지하게 동화를 듣고 있다는 것을 교사들은 경험을 통해 알고 있습니다. 이 아이들은 마음속으로 '아, 나는 이 동화를 잘 알고 있어. 지금 선생님이 이야기하고 있는 다음 부분은 이러저러하게 진행이 되지.' 하며 안정된 자세로 동화를 듣습니다. 아이들은 익숙한 것에서 안정감을 느끼며 그렇게 될 때 세상과 자신에게 신뢰감을 갖습니다. 발도르프 유아 교육 기관에서 유아기 아이들에게 주고 싶어 하는 큰 가치 중에 안정감과 세상에 대한 신뢰감이 매우 중요합니다. 우리는 동화 들려주기를 통해서도 그 가치들을 아이에게 안겨줄 수 있습니다.

·아이에게 동화를 들려줄 때는 들려주는 부모나 교사가 동화를 완전히 내면화하여 외운 뒤에 들려주는 것이 좋습니다. 예전에 할머니가 손주를 무릎에 앉혀 놓고 들려주듯 편안한 상태로 들려줄 수 있어야 합니다.

어른은 동화를 한 번 읽으면 그 내용이 이러저러하다는 것은 금방 알아차립니다. 누군가가 그 동화의 내용을 물으면 금방 그 대강의 내용을 알려줄 수도 있습니다. 그러나 그렇다고 해서 그 동화가 상징하는 바나 동화의 분위기를 완전하게 이해하고 있다고 할 수는 없습니다. 내면화라는 것은 동화에 대한 사랑이라고 할 수 있습니다. 우리는 사랑하는 대상이 있으면 그 대상에 대해 관심을 갖고 많은 것을 알려고 합니다. 하나하나의 동화 속에는 저마다의 값진 내용이 담겨 있습니다. 그 안에는 항상 진실이 담겨 있으며 단순한 내용이 아니라 인간의 발달 과정을 담고 있습니다. 동화의 이미지를 살펴보면 인간이 반드시 거쳐 가야 할 것들이 담겨있습니다. 그러한 것들을

동화를 들려주는 사람이 이해하고 있어야 합니다. 그러기 위해 동화를 사랑하라는 것이지요. 동화의 장면 장면을 머릿속에 그려 가며 따라가다 보면 이야기는 어느새 마음속에 자리 잡게 되고 자연스럽게 이야기를 외울 수가 있습니다. 동화를 읽는 사람이 동화의 이미지

속에 깊게 침잠하면 동화는 이야기가 갖고 있는 의미를 스스로 나타내게 됩니다. 이때 중요한 것은 동화에 접근하는 각각의 개인이 동화에 접근하는 구체적인 체험입니다. 1년 뒤에 같은 동화를 들려줄 때는 이러한 이미지나 체험은 달라질 수 있습니다. 항상 고정되어 있지 않고 생동감 있게 변화할 수 있다는 것이 동화가 갖는 힘이기도 합니다. 이러한 과정을 갖고서 아이들에게 동화를 들려주면 아이들이 이야기를 들을 때 완전히 자신을 열어 놓고 동화의 세계에 들어오게 됩니다.

동화를 들려주는 사람과 듣는 아이 사이에 책과 같은 매개체가 있게 되면 아이의 관

심이 분산됩니다. 그래서 발도르프 유아 교육 기관에서는 교사가 동화를 완전하게 외워서 아이들에게 들려줍니다. 그렇기 때문에 교사가 아이들에게 동화를 들려주기 전에 스스로 내면화하는 작업이 매우 중요합니다. 동화의 의미를 이해하고 내면화하여 완전하게 외운 다음 자신감 있는 태도로 아이들에게 들려주어야 합니다. 만약 외

우는 작업이 미숙하다면 아이들 앞에서 자신 있는 태도를 가질 수 없을 것이며 이것은 곧 동화가 아이들에게 다가갈 수 없음을 뜻합니다. 그럴 경우에는 차라리 글로 써서 읽어 주는 편이 나을 수 있습니다.

아이들이 동화를 듣는 의미

·요즘 많은 아이가 ADD나 ADHD와 같은 주의력 결핍이라는 문제를 안고 있습니다. ADHD는 뇌 기능 장애나 유전적 요인 혹은 임신과 출산 시에 나타나는 합병증 같은 생물학적 원인으로 많이 설명하고 있으나 부모의 양육 태도와 같은 심리 사회적 원인으로도 설명되어지고 있습니다. 동화를 들려주는 것은 아이들의 이러한 문제에도 도움을 줄 수 있습니다. 동화는 아이들의 집중력이 발달하도록 도와줍니다. 그리고 이러한 집중력은 같은 이야기를 반복해서 들려줄 때 훨씬 효과적입니다.

·우리는 아이들에게 여러 가지 좋은 덕목을 심어 주고 싶어 합니다. 올바른 도덕성, 강한 의지, 정신적 균형감 등을 갖고 성장하기를 기대합니다. 그러한 덕목들을 키우는 데에는 물론 주변 어른들의 본보기가 가장 중요합니다. 어린아이들에게 말로 그러한 덕목을 가르칠 수는 없는 것이지요. 그런데, 어른들의 본보기 외에도 또 하나 유효한 방법이 바로 동화를 통한 것입니다. 우리가 들려주는 많은 동화가 기본적으로 전달하고자 하는 것은 바로 그러한 덕목들입니다. 동화 속에 담겨진 인간의 발달 과정이 동화를 듣는 아이들에게 그러한 덕목을 자연스럽게 경험하게 합니다. 반면, 생활 동화라 불리는 창작 동화에서는 이러한 덕목들을 과정을 통한 자연스러움이 아닌 직접

적인 도덕적 가치로 아이들에게 나타내기 때문에 그것은 마치 아무것도 모르는 어린 아이에게 이런 일을 하면 이렇게 되고 저런 일을 하면 저렇게 되는 거라는 식의 도그마를 강요하게 되는 것과도 같습니다. 어린아이들에게 도덕적 가치를 강요로 가르쳐서는 안 되는 것이지요.

·신경 생리학에서 주목받은 한 가지 연구 결과가 있습니다. 바로 '헵의 학습 *'입니다. 이 연구에서 연구자들은 실험 대상자들을 네 개의 집단으로 나누어 5일 동안 피아노를 배우게 했습니다. 뇌의 변화를 알아보기 위한 것이었습니다. 첫 번째 집단은 5일 동안 매일 두 시간씩 한 손으로 치는 곡을 연습했고 두 번째 집단은 어떠한 악보나 지시 사항 없이 매일 두 시간씩 자기 마음대로 피아노를 쳤습니다. 세 번째 집단은 피아노는 전혀 건드리지 않고 첫 번째 집단이 곡을 배우고 외우는 과정을 관찰하면서 배우도록 했습니다. 이들은 매일 두 시간씩 피아노 치는 과정을 마음속으로 상상하기만 했습니다. 마지막 네 번째 집단은 대조군으로 아무것도 하지 않았습니다. 5일간의 실험이 끝나고 연구자들은 뇌의 변화를 알아보았는데 놀랍게도 실세로 피아노를 연습한 첫 번째 집단과 '심적 시연'만 한 세 번째 집단의 신경망이 거의 비슷하게 변했습니다. 자기 마음대로 피아노를 친 두 번째 집단은 뇌의 변화가 거의 없었습니다. 행동의 반복 없이는 뇌 회로를 자극할 수 없었던 것입니다. 물론 대조군이었던 네 번째 집단은 당연히 아무런 변화도 없었습니다. 어떻게 피아노를 건드리지 않았던 세 번째 집단과 실제로 피아노를 연습한 첫 번째 집단이 같은 결과를 보일 수 있을까요? 세 번째 집단은 정신 집중을 통해 뇌의 특정 신경망을 지속적으로 자극한 것입니다. 단지 생각하는 것만으로도 뇌는 발달하는 것입니다. 적당한 정신적 노력이 뒷받침된다면 우리의 뇌는 육체적 노력과 정신적 노력의 차이를 구별하지 못합니다.

*_   Hebbian learning_ Pascual-Leone D, et al(1995) Modulation of muscle responses evoked by transcranial magnetic stimulation during the adquisition of new fine motor skills. <Journal of Neurophysiology> 74(3) : 1037~1045

동화를 들을 때 아이들의 뇌 속에서 일어나는 일도 이와 유사한 것입니다. 비록 아이들이 동화의 내용을 직접 경험하지는 않지만 동화를 들으면서 아이들의 뇌 속에서는 심적 시연이 일어나면서 그것이 바로 자신의 경험이 됩니다. 이런 의미에서 보면 우리가 아이들에게 어떤 동화를 어떻게 들려주어야 할 지가 매우 명백해집니다. 어린 아이들을 겨냥해 만들어진 TV 프로그램이나 영화의 내용이 폭력적일 경우 아이들이 어떤 심적 시연을 하게 될지를 생각하면 끔찍하기까지 합니다. 물론 TV 프로그램이나 영화의 내용이 동화처럼 아름답게 만들어져 있다고 해서 괜찮은 것은 아니지요. 미디어 매체 그 자체가 아이들의 발달에 미치는 부정적인 면은 다른 기회를 통해서 공부하실 수 있을 것입니다.

이야기를 듣는 것은 살아 있는 전달 방식을 필요로 합니다. TV나 플레이어를 통했을 때 아이에게 언어적, 지식적 발달이 전혀 이루어지지 않았다는 연구들이 있습니다. 아이들에게 매체를 통해 이야기를 들려주는 것은 언어적, 지식적인 미발달뿐만 아니라 이야기 자체의 생동감 있는 전달도 되지 않습니다. 아이들은 관계 속에서 발달해 나갈 수 있는 것입니다. 사람과의 관계 속에서 언어 발달이 일어나는 것입니다. 언어 발달이 일어나는 시기에 사람과의 관계 없이 기계음으로 언어를 계속 들려준다면 아이의 언어 발달은 전혀 진행되지 않습니다. 그러니 부모나 교사가 이야기를 외워서 들려주는 것이 힘들다고 저장 매체에 녹음해서 이야기를 들려주는 일은 절대 하지 말아야 할 것입니다.

유아의 발달에서 있어서 중요한 것 중의 하나는 상상력입니다. 이미지를 그리는 능력이지요. 아이들은 놀이를 하면서도 많은 상상력을 필요로 합니다. 작은 나무토막 하나가 자동차가 되었다가 잠시 후 전화기가 되고 다시 배가 되는 식으로 아이들은 자신의 내면에 판타지를 충분히 갖고 있을 때 놀이가 풍성해지게 됩니다. TV를 본다는 것은 아이의 내면에서 스스로 올라오는 것을 차단하는 것입니다. 스스로 상상할 필요가 없어집니다. 전형적으로 그려진 그림책도 비슷합니다. 책 속의 그림에 대해 거리를 두고 자신의 그림을 만들어 내기가 어렵기는 마찬가지입니다. 이렇게 자란 아이는 점점 모든 것이 밖에서 자신에게 다가오기를 기다리게 됩니다. 자신의 행위를 활성화시키고 능동적으로 행위의 주체가 되는 것이 어려워지며 학령기에 가서는 스스로 배우려는 열정이 생겨나지 않습니다. 그러나 이야기를 통해서 자신의 내면에서 상을 만들어 내는 아이들은 능동적이 됩니다. 자신의 행위를 활성화시키고 촉진시킬 수가 있습니다. 당연히 학령기에 학습을 하면서도 이러한 능동성은 아이에게 필요한 힘의 원천이 되고 배우려는 열정으로 나타나게 됩니다.

동화는 이렇듯 우리가 그저 아이에게 재미있는 이야기 하나를 들려준다는 것 이상으로 많은 의미를 갖고 있습니다. 부모나 교사가 아이에게 이야기를 들려줄 때 아이들의 마음 안에서 일어날 많은 경험을 그리고 그 경험들이 훗날 아이의 미래에 가져올 영향을 생각한다면, 우리가 이야기 하나를 선정해서 들려주는 것에 보다 섬세한 보살핌과 신중함이 있어야 할 것입니다.

간식, 점심 시간°

신체가 발달하는 유아기 아이들에게 그 바탕이 되는 먹을거리는 매우 중요합니다. 아이들의 건강을 고려해 친환경 식재료로 가급적 인공적인 가미를 배제하고 영양가 있고 균형 잡힌 음식을 준비하는 등 교사는 아이들이 먹을 음식 조리에 진정성을 갖고 임합니다. 자유 놀이 시간에 교사가 손수 조리하는 과정에 아이들이 참여하기도 합니다.

음식을 먹는다는 것은 세상 안의 모든 것을 다 섭취하는 것과도 같습니다. 그런 면에서 아이들의 편식은 좋지 않습니다. 동물이 음식을 섭취하는 습성을 인간이 고기를 먹음으로서 고스란히 취하게 된다고 하고, 동물적 혼을 섭취하는 것과도 같다고 합니다. 너무 일찍 고기 맛에 길들여진 아이는 채소를 싫어하고 고기만 좋아하게 되어 편식을 합니다. 아이들은 미네랄, 탄수화물, 지방, 단백질 순으로 천천히 고기를 접하게 하는 것이 좋습니다. 고기류가 많이 포함되지 않은 균형 잡힌 식단으로 하며, 특정한 음식을 싫어하는 아이에게 처음에는 아주 적은 양을 주어서라도 맛을 느껴 보게 하고 천천히 양을 늘려 갑니다. 그렇게 하다 보면 서서히 편식 습관을 고치게 됩니다. 선생님과 친구들 모두가 함께하는 따뜻한 식탁에서 감사하는 태도를 가지고 음식을 먹는 분위기 또한 편식을 없애는데 도움이 됩니다. 아이들은 음식을 통해 감각 안에 도덕성이 발달하는데, 아이의 도덕성을 키우는 가장 좋은 방법 중 하나가 음식을 대하며 감사하는 마음을 갖는 것입니다. 어떤 리듬을 갖고 어떤 분위기에서 음식을 먹느냐는 매우 중요합니다. 무엇을 먹느냐보다 어떻게 먹느냐가 중요

할 수 있습니다. 발도르프 유아 교육 기관에서는 간식이나 식사 전에 감사 기도를 함께 하고 따뜻하고 편안한 분위기에서 식사를 합니다.

아이들의 소화력 발달도 고려해야 할 사항입니다. 쉽게 전환이 일어나는 유동식 같은 음식은 소화력 발달을 떨어뜨리기 때문에 적당한 전환의 과정이 필요한 음식을 줍니다. 전환을 많이 하게 되면 몸이 많이 움직이게 되어 건강한 신체 발달을 돕습니다. 소화력은 아이의 의지 발달과도 밀접한 관련이 있으므로 이러한 점을 고려하여 식단을 준비합니다.

〈나무와숲〉은 요일별로 정해진 음식을 간식으로 매주 반복해서 먹습니다. 그 반복성 안에서 아이들은 날짜의 경과를 월요일, 화요일

등과 같은 요일명이 아닌 음식과 연관하여 기억합니다.

다음은 〈나무와숲〉 간식의 예입니다.

월	화	수	목	금
떡, 과일, 둥글레차	구운 달걀, 과일, 매실차	찐 감자나 고구마 또는 옥수수 등, 오미자차	우리밀 아침빵 (버터와 잼), 두유	부침개 또는 핫케이크, 우엉차

일주일의 리듬

일주일의 리듬

들숨과 날숨의 반복과 같은 하루 리듬이 있다면, 일주일 안에도 리듬이 있습니다.

일주일의 리듬은 아이들의 아스트랄체(감성체) 발달에 영향을 줍니다.

〈나무와숲〉에서는 요일별로 정해진 간식을 먹고, 특정 요일에만 하는 활동이 있습니다. 이를테면 월요일에는 자유 놀이 후 밀랍 조형 활동을 하고, 수요일에는 발도르프 습식 수채화를 하고, 목공 활동을 하는 목요일, 긴 나들이를 가는 금요일 등 정해진 요일에 특별한 일과를 갖습니다.

밀랍 조형 °

  자유 놀이 시간에 아이들이 자신을 발산하며 날숨 호흡을 했다면,
밀랍 점토를 갖고 주무르며 조형 작업을 하는 것은 무제한으로 발산
되고 있던 흐름이 멈추게 되고 생명력이 신체의 말단까지 전해지게
되는 고요함이 있는 들숨의 호흡입니다. 움직임이 적어 전신이 경직
되어 있는 아이의 경우, 손이 차가워져 있기 때문에 밀랍을 주무르
면 생명력이 강해지면서 손이 따뜻해집니다. 유아들은 아직 색에 대
한 감각이 충분히 발달되기 전이기도 하고, 여러 가지 색으로 밀랍
을 주면 밀랍끼리 섞여 아름답지 못한 색이 만들어질 수도 있기 때
문에 단일 색으로 주는 것이 좋습니다. 단일 색으로 주는 것은 여러
색의 조화에 신경 쓰지 않고 밀랍 조형 원래의 목적인 형태를 만드
는 것에 집중하게 합니다.

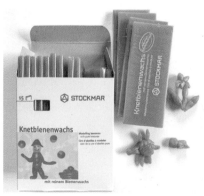

말랑 말랑 밀랍

습식 수채화°

발도르프 교육 기관에서 하는 수채화는 일반적인 수채화와는 조금 다릅니다. 마른 도화지가 아닌 물에 적신 도화지 위에 수채화 물감으로 그림을 그립니다. 젖은 도화지 위에서 물감들이 서로 만나면서 만들어 내는 색의 아름다움을 눈으로 보며 그림을 그리는 것입니다.

기본적인 삼원색을 통해 여러 가지 색이 만들어지는 것을 경험하는 것은 유아들의 전능감을 충족시켜 줍니다. 즉, 자신이 주체가 되어 창조를 경험하며 행복감을 증진시킨다고 할 수 있겠습니다. 붓을 씻는 투명한 유리 물통에서 자신이 사용하는 색이 혼합되며 만들어지는 또 다른 색을 눈으로 경험할 수 있습니다. 도화지 위에서도 비슷한 경험을 하게 되는데 이를 통해 혼합색이 만들어지는 법칙을 자연스럽게 알게 됩니다.

그림을 그리는 것은 자신 안에 있는 예술성을 발휘하는 좋은 기회입니다. 이를 통해 정서적으로 풍부한 감성을 기를 수 있습니다. 정서적 경험과 행복감의 증진은 정신적인 치유에도 효과가 있습니다. 개인의 독창성을 발휘해 자신만의 그림을 그리면서 창의성이 길러집니다. 또한 표현력도 향상됩니다. 그러나 이러한 효과를 위해서는 결과물보다는 활동 과정 자체에 의미를 두어야 합니다. 그림 그리기의 최종 목적은 흥미롭게 즐기는 것 그 자체라고 할 수도 있습니다. 그리고 흥미는 자발적인 경우에 생겨나는 것입니다. 수채화가 좋다고 해서 아이가 원치 않는데 프로그램화하여 활동을 이끌어서는 안되는 이유입니다.

그림 그릴 준비가 끝나면, 수채화 시간을 위해 만든 노래를 함께 부른 다음 그림 그리기를 시작합니다.

수채화 시간

빨강 파랑 노랑 고운 빛깔들이

경쾌하면서도 꿈을 꾸듯

이미애 작사, 작곡

빨 강 파 랑 노 랑 고 운 빛 깔 들 이   내 맘 속 에   꽃 - 처 럼   피 어 나 요

마 음 속 에   그 려 지 는   아 름 다 운 그 림

빨 강 파 랑 노 랑 예 쁜 색 깔 들 로   종 이 위 에   곱 게 곱 게   옮 겨 봐 요

습식 수채화는 어떻게 하나요? ⭐

필요한 도구

· 수채화 물감, 머메이드지, 수채화용 마모붓(20호 납작붓), 물감 통, 유리 물통 2개,
타올지 흰색 면 수건, 그림판, 스펀지(혹은 해면)

· 머메이드지는 단면보다 양면 머메이드지가 그림의 발색 효과나 물감의 번짐에 안정
감이 있어 더 낫습니다.

· 수채화 붓은 국내 화홍 제품이 적당합니다.

어떤 물감, 그리고 어떤 색을 쓰나요?

· 독일에서 수입한 스토크마STOCKMAR 제품의 경우: Karminrot, Zinnoberrot의
혼합, Goldgelb, Zitronengelb의 혼합, PreuBischblau, Ultramarinblau의 혼합
또는 스토크마 제품 중 색상환 3원색

· 국내 제품의 경우: 신한 전문가용 406호 레드, 신한 SWC A222호 스칼렛 레이크의
혼합, 신한 전문가용 409호 프러시안 블루, 418호 울트라마린의 혼합, 신한 전문가
용 411호 레몬 옐로우, 427호 퍼머넌트 옐로우 라이트의 혼합

· 아이들에게 같은 계열의 색을 혼합해 주는 것은 삼원색으로 색을 느끼도록 하되, 각
각의 색이 혼합하면서 만들어 내는 색들을 충분히 체험하게 하기 위한 것입니다. 같
은 계열의 두 색을 혼합하게 되면 가장 빨강다운 빨강, 파랑다운 파랑, 노랑다운 노
랑의 색이 만들어집니다. 이로써 수채화 과정 속에서 각각의 색이 주는 정서를 충분
히 체험할 수 있습니다.

· 어른의 경우에는 각각의 색을 따로 사용합니다. 6가지 색을 사용하여 보라를 원할
때는 울트라마린의 파랑이, 초록을 원할 때는 프러시안 블루의 파랑이 적합하다는

것을 알고, 표현하고자 하는 색을 구별하여 쓸 수 있습니다. 유아에게는 이러한 자세한 것을 일부러 지식적으로 알려줄 필요가 없습니다. 자세한 색의 혼합은 아동기에 색을 따로 주어서 스스로 알게 하는 것이 좋습니다.

물감의 농도(물감:물)

· 유아는 1:20, 성인은 1:4 가 적합합니다.

· 어른의 경우는 좀 진한 색으로 농도를 조절해 가며 사용하면 되고, 유아의 경우에는 농도를 묽게 하여 부드러운 색의 느낌을 가져갈 수 있게 합니다.

· 신한 물감의 경우 스칼렛 레이크가 15㎖, 그 외의 색은 12㎖ 이므로 스칼렛 레이크 튜브를 짤 때 조금 남기고 짜고 나머지는 완전히 짜서 혼합하면 25㎖이므로 500㎖ 주스 병에 짜서 물을 가득 채우면 대략 1:20이 됩니다. 스토크마 제품은 20㎖이므

로 절반 정도씩 짜내어 500ml 병에 물을 조금 덜 채우면 되겠지요. 이렇게 농도를 조절해 섞어 놓은 물감은 냉장고에 보관하고, 사용할 때마다 물감 통에 조금씩만 따라 주면 됩니다.

그림 그리는 과정

1. 정면에 물통 2개를 나란히 놓고 오른쪽에 면수건과 붓을 둡니다. 물감을 따라 놓은 물감 통 세 개를 물통 앞에 오른쪽부터 빨강, 파랑, 노랑의 순서로 놓습니다. (이것은 아이들을 혼란스럽지 않게 하기 위한 것이지 어떤 원칙이 있는 것은 아닙니다)

2. 오른쪽 물통(빨간색 물감 쪽)이 먼저 씻는 물이고 왼쪽 물통(노란색 물감 쪽)은 헹구는 물입니다.

3. 머메이드지를 물에 담가 적신 다음 그림판 위에 올려놓고 스펀지나 해면을 이용해 물기를 부드럽게 닦아 냅니다.

4. 그림을 그리기 전 마른 붓은 물통에 담근 다음 수건에 살짝 눌러 물기를 뺍니다.

5. 사용하고자 하는 색의 물감을 붓에 살짝 찍어 그림을 그립니다. 이때 가급적 붓대는 중간 부분을 잡게 하고 붓을 세워서 그리게 합니다.(중간을 잡는 이유는 예술 활동이 신체의 중간 부분인 가슴 영역에서 이루어지기 때문이며, 중간을 잡고 그리면 붓을 자유자재로 움직이는 것이 가능합니다)

유아들의 경우 붓을 눕혀서 털을 헝클기도 하고 붓털을 고정시키는 금속이 도화지에 닿기도 하므로 도화지에 자국이 생기지 않도록 붓을 세워서 그릴 수 있도록 신경 써 주어야 합니다.

6. 다른 색의 물감을 사용하고자 하면 오른쪽 물통에서 씻고, 왼쪽 물통에서 헹군 다음 면 수건에 붓을 다시 살짝 눌러 줍니다. 그런 다음 다른 색의 물감을 찍어서 그림을 그립니다. 이와 같은 방법을 반복하면 됩니다.

목공 활동°

7세 아이들은 수작업인 직조가 마무리되면 목공을 시작합니다. 상징적 의미로 첫 작업은 목요일에 하나 일단 시작을 하고 나면 아이의 자유 의지에 따라 지속적으로 합니다. 이를테면 나들이 때 주워온 나뭇가지를 이용해 작은 나무 울타리 모양의 놀잇감을 만듭니다. 목공 테이블 위에 있는 바이스에 나뭇가지를 고정해 직접 톱질을 하고, 핸드 드릴을 이용해 가로 막대의 연결을 위한 구멍을 뚫기도 합니다. 사전에 위험할 수 있다는 것을 인지시키기 때문에 아이들은 매우 조심스럽게 도구를 사용합니다. 동생들이 빙 둘러서 부러움에 가득 찬 시선으로 바라보는 가운데 작업을 하면서 7세 아이들은 자부심을 갖게 됩니다. 의지의 힘이 강해진 7세 아이들에게는 자른 나무의 거친 면을 오랫동안 사포질할 수 있는 끈기도 충분합니다.

매월의 리듬

매월의 리듬

〈나무와숲〉에서는 우리나라의 절기
와 풍습을 주제로 리듬 생활을 합니다.
이러한 리듬을 보통 4주 정도 계속합니
다. 첫 주가 새로운 주제의 리듬을 도입
하는 주라면, 둘째 주에는 전개, 셋째 주
에는 절정 시기를 거쳐 마지막 주에는
마무리를 합니다.

매월의 리듬은 아이들의 에테르체(생
명체) 발달에 영향을 줍니다.

다음은 월 리듬의 예입니다

	라이겐	동화	손동작
3월	새학기	주먹이	빙글뱅글
			봄이 왔어요.
4월	삼진날	흥부놀부	뿌리 난쟁이
			민들레
5월	사월 초파일	염소브루쉐 싯다르타 왕자 이야기	새싹
			정원에 핀 꽃
6월	단오	구렁덩덩신선비 달팽이와 개미	달팽이
			꼬방꼬방 장꼬방에
7월	유두	푸른 잎사귀 돼지 세 마리	산은 숲을 품고
			비(톡톡톡톡 머리 위에도)
8월	여름	개구리 왕자	나무 타는 소년
			개구리와 파리
9월	추석	푸른 구슬 붉은 구슬	떡방아
			이른 아침
10월	가을	단군 신화 헨젤과 그레텔	씨앗
			목수 아저씨
11월	김장	호랑이와 곶감	둥지 속의 두 마리 새
			고슴도치
12월	성탄절	예수 탄생 은화가 된 별	털실 감기
1월	겨울	불로초	눈송이
			쥐
2월	졸업	금빛 사과와 염소 치기 소녀	햇님이 떠오르네

새
학
기
의
시
작

3
월

〈나무와숲〉에서는 대부분 4세~7세 유아들이 혼합 연령으로 생활합니다. 3월이 되면 새로운 아이들이 1~2주 간격으로 한 명씩 입학해 적응하는 기간을 보냅니다.

한 마리 새가 둥지를 떠나 너른 들판으로 날아가듯 작은 울타리였던 집 공간을 벗어나 낯선 곳에서 생활해야 하는 아이들이 잘 적응해가기 바라면서 보내는 달입니다. 한 명씩 입학해 올곧이 관심과 보호를 한 몸에 받으며 한, 두 주를 보내면서 아이들은 금세 그 공간의 일원이 됩니다. 분리 불안은 처음으로 엄마와 떨어지는 모든 아이가 갖고 있습니다. 일주일 동안 올곧게 자신에게 관심 갖고 바라봐 주는 교사와 친구들(언니, 형)에게 둘러싸여 지내면서, 그리고 집에 돌아갈 시간에 어김없이 엄마와 다시 만나는 반복을 통해 안정감을 갖

게 되면서 분리 불안을 극복해 갑니다. 엄마와 헤어질 때 보이던 울음도 5분에서 3분으로 그 다음엔 아주 몇 초로 짧게 점점 줄어 갑니다. 간혹 이 극복의 시간이 두 주 정도 필요한 아이도 있는데 이럴 경우 다음 순번을 기다리는 아이의 첫 번째 적응 기간 스케줄은 일주일씩 조정이 됩니다. 다만, 아이를 들여보내고 엄마가 아이를 믿지 못하는 불안한 마음에 원 앞에서 서성이다가 아이 울음소리를 참지 못하거나 그 불안함이 극에 달해 아이가 아직 기관에 다닐 시기가 아닌 것 같다며 가정에서 같이 지내다 좀 더 성숙해져서 보내야겠다고 그만 둔 경우는 있습니다. 교사가 보기엔 아이는 정말 잘 적응해 가고 있는 경우였음에도 엄마가 그런 판단이 서면 어찌할 도리가 없지요. 유아기 아이들은 엄마와 에테르의 기운이 연결되어 있어서 엄마가 편안한 마음으로 아이를 믿어 주면 그 믿어 주는 만큼 편안하게 새로운 환경에 적응해 갈 수 있습니다.

동화

주먹이 *

부모를 떠나 온갖 모험을 하는 동화 속 주인공인 주먹이는 새로운 공간으로 발을 내딛는 신입 원아들과 그 마음이 유사합니다. 새로운 출발을 앞두고 있는 아이들에게 새로운 환경은 모험을 하는 것과 같은 느낌을 갖게 합니다. 주먹이가 부모와 헤어져 모험을 하며 힘든 여정을 갖다가 다시 부모를 만나는 이야기 속에서 아이들은 동질감과 함께 안도감을 느끼게 될 것입니다.

*_   참고 도서_ 『옛이야기 보따리1』 두꺼비 신랑(서정오 지음/ 보리 출판사)

라이겐

작은 새 집을 열어요. (라이겐 시: 헤드윅 디스텔Hedwig Diestel 원작) *

작은 새가 둥지를 벗어나 숲으로 날아가듯 아이들도 한 마리의 새
가 되어 킨더가르텐으로 날아오는 모습을 그리며 라이겐을 합니다.

여는 노래

작은 새 집을 열어요

새들의 날개짓 처럼 부드럽게

독일 원곡, 이미애 번안

작은 새 집 을 열 어 요 - 아기 새 들 모 두 날 아 가 요

즐 - 겁 - 게 저 들 판 으 로 날 아 - 가 요

낯 선 곳 까 지 날 아 가 다 다 시 금

포 근 한 집 으 로 돌 아 와 쉬 어 요

문 을 닫 아 요 구 구 구 구 구 구 구 구

---

*   참고 도서_ 『발도르프 유아교육의 첫걸음』(윤선영 지음/도서출판 문음사)

102

　여는 노래에 맞춰 교사 두 명(혹은 교사와 7세 아이가 함께)이 길고 넓은 폭의 천을 맞잡고 서서 아기 새들의 집을 만들어 줍니다. 아기 새가 된 아이들은 노랫말에 맞춰 집 밖으로 벗어나 훨훨 날아갔다가 다시 집으로 돌아옵니다. 짧은 노래 안에 아이들의 하루가 담겨 있는 듯합니다.

　　아기 새들이 둥지 속에 살고 있어요. 저기 높은 지붕 위에
　　아침이 되면 아기새들은 잠에서 깨어나요.
　　날개를 씻어요. 날개를 씻어요.
　　날개가 벌써 많이 자랐네요.
　　자, 그럼 이제 숲으로 날아가 봐요.
　　위로 위로 올라가 봐요. 나뭇잎 뒤에 숨어 봐요.
　　깃털을 쓰다듬어요. 아주 멋지게
　　몸도 가다듬어요. 아주 귀엽게

곡식을 쪼아 먹고 나뭇잎도 쪼아 먹어요.
샘물에 뛰어들어 목욕을 해요.
꼬리도 씻고, 머리도 감고, 몸도 닦아요.
물장구를 쳐 봐요. 아주 즐겁게
날개를 털어 물기를 떨구고 이제 날아가 봐요. 아주 신나게
숲속의 멜로디로 노래를 해요. 아주 흥겹게

(노래: 산새가 아침을 노래하네. 들새가 아침을 노래하네
쪼로롱 쌕재굴 쪼로롱 쌕재굴 쪼로롱 쪼로롱 쌕재굴)*

어두워지면 아기새들은 집으로 돌아가요.
밤은 아기새들을 감싸주어요. 둥지 안에서
아기새들은 아주 아주 깊이 잠을 잔대요.

손동작
빙글 뱅글(빌마 엘러직),
봄이 왔어요.(빌마 엘러직)

<빙글 뱅글>
빙글 뱅글 빙글 뱅글 빙글 뱅글 쿵!
빙글 뱅글 빙글 뱅글 빙글 뱅글 쏙!
어디 있을까?
영차 영차 영차 쉿! 야호-
안녕 안녕, 여기 있었지.
쓱싹 쓱싹, 어? 없네.

---

*   <산새가 아침을> 김재우 작사/이수인 작곡

\<봄이 왔어요\>

햇살이 비춰요, 하늘에서.

따스하게 내려와요, 세상 위에.

야호-야호-야호

눈이 녹아 사라졌어요.

겨울 땅 속에서

싹이 돋아 나와요.

이야-이야-이야호

우리는 모두 즐거워요.

민들레, 제비꽃, 꽃다지.

방울꽃은 땡땡땡 땡땡땡

트랄리- 트랄리- 트랄라

봄, 봄이 왔어요.

트랄리- 트랄리- 트랄라

봄, 봄이 왔어요.

(봄꽃의 종류는 주변에서 가장 흔하게 볼 수 있는 꽃으로 내용을 넣었습니다. 지역마다 볼 수 있는 꽃의 종류가 다르니 환경에 맞게 바꾸면 좋을 듯 합니다.)

3월 노래

봄바람(윤석중 시, 모차르트 곡)

봄이 와요(이미애 작사, 작곡)

좋은 봄날에(Clifford Monks, 이미애 번안)

봄이 오는 소리(작자 미상)

봄이 와요

봄을 기다리는 마음으로   이미애 작사, 작곡

좋은 봄날에

Clifford Monks, 이미애 번안

손동작의 유래

빌마 엘러직은 1958년부터 1981년까지 슈투트가르트 국립 음대에 음악과 연극을 위한 전문 교수로 재직했습니다. 그의 전문 분야는 연기와 리드미컬한 동작을 할 수 있는 사람을 양성하는 것으로, 많은 연기자와 예술가를 배출했습니다. 특히 몰두했던 분야는 언어와 동작을 연결시키는 것이었습니다. 오랜 시간이 지난 다음 어린이를 위한 작업으로 방향을 전환하게 됩니다. 그가 어린이를 위해 시와 놀이를 개발한 것이 바로 '손동작'으로 주목적은 즐거움을 가져오고 사랑을 선물한다는 것이었습니다.

손동작은 자연의 현상 등을 손의 움직임으로 표현하는 작은 예술 활동이라 할 수 있습니다.

빌마 엘러직 선생님의 '손동작'을 주제로 한 세미나 때 통역하시는 분께서 그것을 손유희, 손놀이 등으로 통역하셨는데, 우리가 익히 알고 있는 일반 유아 교육에서의 '손유희'와는 좀 다른 것이기에 독일 선생님과 통역 선생님 간에 많은 이야기가 오고 간 다음 '손동작'이라는 단어를 선택해 통역해 주신 것이 생각납니다. 물론 이 정의가 반드시 옳다고 할 수만은 없는 것이지만, 당시 많은 고민 끝에 선택된 단어이기에 그 고유함을 잘 표현했다고 여깁니다.(물론, 여전히 손유희나 손놀이라는 단어를 선택해 사용하기도 합니다)

일반 유아 교육에서 손유희가 조금은 과장된 동작과 유희스러운 즐거움이 더해지는 것이라 한다면, 발도르프 유아 교육에서 손동작은 과장되지 않게 자연 현상에서 볼 수 있는 움직임을 주로 손과 팔을 이용해 표현해 내는 것이라 할 수 있겠습니다. 이를테면 해가 뜨고 해가 비추고 꽃이 피고 나비가 날고 새가 노래하는 자연의 현상을 있는 그대로 단순화해 표현하면서 즐거움을 추구하는 것이지요.

현재 발도르프 유아 교육 기관에서 하고 있는 손동작들은 빌마 엘러직 선생님이 만든 작품이 대부분입니다. 이 작품들은 손동작을 창시하면서 만든 시와 작품들로 한국의 발도르프 유아 교사 세미나에 소개되었고, 통역을 통해 한국어로 번역된 것입니다. 그렇기 때문에 통역을 하는 분에 따라 조금씩 다른 언어로 표현된 것이 있으나 기본적인 틀은 그대로입니다.

교사의 태도

· 언어를 동작에 맞추는 것이 중요합니다. 라이겐에서와 마찬가지로 동작을 언어보다 조금 앞서서 해야 합니다.
· 자연을 잘 관찰하고 표현하는 게 중요합니다. 빌마 엘러직은 자연을 충분히 관찰한 다음 그것을 동작으로 표현해 냈습니다.
· 구어체는 친밀감을 줄 수는 있으나 자칫 아이들을 흥분하게 할 수 있으므로 문어체를 쓰는 것이 좋습니다.
· 음악적이고 리듬적인 요소가 동작에 항상 들어가야 합니다.
· 충분히 완벽하게 익혀서 현장에서 자연스럽게 사용해야 합니다.
· 교사가 항상 자신감을 가지고 이끌어야 합니다.
· 유아와 함께 정서를 나누며 호흡할 수 있어야 합니다.

손동작의 교육적 효과

· 아이는 자신의 육화를 느끼고 교사의 사랑으로 가득 찬 느낌을 받으며 세상에 대해 경외감을 갖고 조심스럽게 대하는 법을 배우게 됩니다.
· 손동작 동작을 통해 새로운 감각과 상상력을 높이게 됩니다.
· 언어의 발달과 더불어 기억력과 사고력 발달에 도움이 됩니다. 함께하는 활동을 통해 정서적인 즐거움을 느끼며, 협동심과 사회성이 키워집니다.
· 대근육, 소근육 운동을 병행함으로써 신체적 발달을 돕습니다.

삼
진
날

4
월

4월은 겨울의 흔적이 어느새 눈 녹듯 사라지고 새싹과 새잎들이 돋아나며 본격적인 봄이 시작됩니다. 산에 피는 꽃들 중에는 진달래꽃이 가장 먼저 피어 우리들을 반겨 줍니다. 이 진달래꽃을 따서 화전을 만들어 먹고, 파릇이 돋아나는 어린 쑥을 뜯어 쌀가루에 섞어 시루에 쪄서 쑥버무리를 만들어 먹기도 합니다. 우리의 절기 음식은 맛도 좋지만 눈으로 보기에도 곱기만 합니다.

나들이 시간에 산을 오르면 자연이 아이들의 친구가 됩니다. 산으로 걸어가는 길에 만나는 작은 들꽃들도 아름답습니다. 봄이 시작되면 길가에 봄맞이꽃, 봄까치꽃, 꽃마리, 꽃다지가 피기 시작하는데 이 꽃들은 자세히 들여다보아야 볼 수 있습니다. 조금 더 지나면 노란 민들레꽃이 피어납니다. 등원한지 얼마 되지 않은 아이 중에는 노

랗게 빛나는 그 꽃을 한순간 꺾어 버리는 아이도 있습니다. 그럴 때
는 들에 산에 핀 꽃을 꺾어 버리고 나면 다른 사람들은 이 예쁜 꽃을
볼 수가 없고 무엇보다 그 꽃들을 꺾으면 아파한다고, 누군가 나를
아프게 하면 싫은 것처럼 꽃들도 아파서 싫어한다고 이야기해 주면
아이는 그 뒤로 꽃을 함부로 꺾지 않습니다.

〈나무와숲〉에서는 먹기 위해 따거나 캐는 것이 아닌 때는 꽃반지
를 만들거나 꽃잎 찧기 같은 체험조차 하지 않습니다. 삼진날 화전
에 얹어 먹을 진달래꽃을 딸 때도 나무에게 미안하고 고맙다는 내용
의 이야기를 건넨 다음 필요한 만큼만 땁니다. 아카시아 꽃을 따 먹
을 때나 나물을 뜯을 때도 마찬가지지요. 다만, 열매가 달려 그 열
매를 취할 때는 미안함보다는 고맙다는 인사를 하고 땁니다. 우리
가 따지 않아도 저절로 떨어져 버릴 열매이기에 감사한 마음으로 익
은 열매를 따거나 줍습니다. 노란 민들레 꽃이 지고 솜뭉치 같은 씨
앗이 달려 있을 때도 입으로 씨앗을 불어 보기는 해도 꺾지는 않습
니다. 그 씨앗들이 다 날아간 다음 대궁만 남았을 때 비로소 그 대궁
을 꺾어 민들레 피리를 만들어 붑니다. 아이들이 놀이를 할 때도 마
찬가지입니다. 놀이에 나뭇가지나 잎이 필요하면 가지치기로 꺾여

있거나 떨어져 있는 적당한 나뭇가지나 잎을 주워 놀지만, 절대 나무를 꺾어 놀잇감으로 만들지는 않습니다. 일곱 살들이 목공 활동을 할 때도 가지치기를 한 나무를 주워 온다든지 죽은 나무의 가지를 주워 온다든지 하여 재료를 준비합니다. 자연과 함께한다는 것은 자연을 사랑하는 것과 동일한 의미라는 것을 아이들은 일상 속에서 이렇게 배워 갑니다.

동화

흥부와 놀부

삼월 삼짇날이 배경이 되는 「흥부와 놀부」 이야기는 대표적인 권선징악을 담고 있는 우리나라 전래 동화로, 도덕성의 가치를 아이들에게 전달하기에 좋은 내용입니다. 시중에 이야기의 결말을 바꾼 이야기가 있으나, 전래 동화의 원래적 의미를 살리기 위해 원전 그대로 들려주는 것이 좋습니다.

---

*_   참고 도서_『흥부와 놀부』(황경 지음/ 보림출판사)

라이겐

삼짇날 (시: 서남숙 원작의 시를 일부 수정)

여는 노래

삼짇날

태양이 두 팔 벌려 온 세상을 안아 주어요.
산과 들에 활짝 핀 꽃들이 꽃잎을 부비며 외쳐 대지요.
봄이 왔어요, 봄이 왔어요. 새봄이 왔어요.

땅속에서 잠자던 뱀들이 봄꽃 보러 눈 비비며 일어나고
강남 갔던 제비도 찾아왔어요.
지지배배 지지배배 지지배배 지지배배

화전놀이 가요, 화전놀이 가요. 봄꽃 피는 산으로 화전놀이 가요.
찹쌀가루 반죽 위에 진달래꽃 얹어 노릇노릇 화전을 부쳐요.

맛있는 화전이 빨리 되라고 꼴깍 꼴깍 침 삼키며 기다리지요.
쑥을 캐어요, 쑥을 캐어요. 대바구니에 가득 쑥을 캐어요.
쌀가루에 쑥 버무려 시루에다 쪄요. 향긋한 쑥 냄새가 솔솔 나네요.
맛있는 쑥떡이 빨리 되라고 꼴깍 꼴깍 침 삼키며 기다리지요.

파릇파릇 돋아난 고운 풀들이 우리를 보고 인사를 해요.
울긋불긋 봄꽃들도 우리를 보며 새봄 인사를 하네요.
축하해요, 축하해요. 새봄을 축하해요.

버드나무 가지 꺾어 두 손 맞잡고 빙빙 돌려서 버들피리 만들어요.
삘릴릴리 삘릴릴리 삘~삘~ 흥겨운 소리 맞춰 춤을 추어요.
나비도 하늘하늘 춤을 추어요.

태양이 두 팔 벌려 온 세상을 안아 주어요.
산과 들에 새롭게 돋아난 풀들을 밟으면 풀잎을 비비며 외쳐 대지요.
봄이 왔어요. 봄이 왔어요. 새봄이 왔어요.

손동작
뿌리 난쟁이(빌마 엘러직)
민들레(빌마 엘러직)

<뿌리 난쟁이>
싹싹 싹싹 뿌리 난쟁이가
싹싹 싹싹 뿌리를 닦고 있어요.
싹싹 산에 있는 가느다란 뿌리야
어두운 땅속에서

조그마한 꽃이 올라왔어요.
햇빛 속에서 예쁘게 피었어요.
오————
좋은 향기가 나네요.
에 에 에취이
고마워요. 예쁜 꽃님.

<민들레>

노란 민들레가 길가에 밭가에 예쁘게 피었어요.
(노래: ‖: 민들레 민들레 라라라라라라라라 :‖ 라라라)
민들레가 꽃잎을 닫고 가만히 있으려니까,
아! 하얀 솜뭉치로 바뀌었네. 씨앗이 된 거에요.
그때 바람이 불어왔어요.
푸~ 씨앗이 하늘로 날아가요. (3회 반복)
다시 천천히 땅으로 내려와요.
얼마 지나지 않으면 씨앗은 다시 노란 민들레로 피어날 거에요.

4월 노래
봄(장수철 곡)
봄님이 왔어요(김희동 작사,곡)
들어요 봄의 소리를(작곡 미상)
꽃이 피었어요(이미애 작사, 작곡)
씨앗(김성균 작사,곡)

들어요 봄의 소리를

작곡 미상

들 어 요 봄 의 소 리 를
보 세 요 봄 의 모 습 을
맡 아 요 봄 의 향 기 를

지 저 귀 는 새 소 리 들 어 보 세 요
움 - 트 는 새 싹 을 바 라 보 세 요
아 름 다 운 꽃 향 기 맡 아 보 세 요

꽃이 피었어요

고운 꽃을 보듯이

이미애 작사, 작곡

꽃 이 피었 어 요 아 름 답 게 피었 어 요

예 쁜 꽃 들 여 기 저 기 활 짝 피 었 네

사
월
초
파
일

5
월

음력 4월에는 부처님 오신 날인 '사월 초파일'이 있습니다. 유아들에게는 종교가 특별한 의미를 갖는 시기가 아니므로, 이러한 리듬 생활은 종교성을 갖는 것이 아니라 성인을 기리는 의미로 받아들여집니다. 사월 초파일이 다가올 무렵에는 아이들 스스로 그린 수채화 그림을 이용해 꽃등을 만들어 보는 시간을 갖습니다.

동화

염소 브루쉐(노르웨이 민담)

싯다르타 왕자 이야기(이미애 지음)

5월은 신록이 무르익는 계절로 봄이 배경이 되는 네덜란드의 민화「염소 브루쉐」이야기를 무릎 동화로 들려줍니다. 염소를 돌멩이

로 표현하는 등, 매우 단순화된 매체를 이용한 극화인 무릎 동화는 단순하고 반복되는 리듬이 있어 아이들이 좋아할 뿐만 아니라 아이들의 상상력을 자극합니다.

사월 초파일이 있는 주에는 「싯다르타 왕자 이야기」를 짧게 들려줍니다. 다른 이야기에 비해 짧게 들려주는 이유는 싯다르타 왕자나 아기 예수 등의 성인 이야기는 사실 유아에게보다는 아동기 후반에 적합하기 때문에 다른 이야기에 비해 짧게 들려줍니다. 성인이 나타나면 지상의 세계가 바뀌듯 루비콘 시기를 지난 아이들에게 성인의 이야기를 들려주는 것이 맞습니다. 다만, 유아들에게는 리듬 생활과 연관 짓는 차원에서 성인의 이야기를 짧은 기간 동안 유아가 이해하기 쉬운 일화로서 들려줍니다.

라이겐

사월 초파일(시: 서남숙 원작의 시를 일부 수정)

부처님 오신 날

독일 원곡, 이미애 작사

옛 날 옛 날 아 주 먼 옛 날 에 먼 나 라 인 도 에 서 -
(싯 다 르 타 왕 자 님 수 행 의 길 떠 나 보 리 수 나 무 아 래 -

싯 다 르 타 왕 자 님 이 - 태 어 났 어 요
고 행 을 하 시 면 서 - 깨 달 았 어 요)

꽃 피고 파랑새 울고 무지개 피어오르니
산마루 기슭엔 봄꽃 향기 가득하네요.
하늘에서는 꽃비가 내리고 아름다운 노랫소리가 울려 퍼져요.
땅에서는 달콤한 아침 이슬의 샘이 솟고 룸비니 동산은 춤을 추어요.
하늘의 신과 땅의 모든 사람들이 함께 어울려
기뻐 춤추고 소리 높여 노래해요.
오, 찬란한 태양이여,
부처님 나투셨네, 이 세상 사람들 바른 길로 이끄시려고.

(노래: 싯다르타왕자님 수행의 길 떠나 보리수나무 아래 고행을 하시
면서 깨달았어요)

바르게 보고,
바르게 생각하고,
바른 말을 하고,
바른 행동을 하고,
바른 생활을 하며,
바른 노력을 하고,
바른 기억을 하고,
바르게 마음을 쓰도록 하는
큰 가르침을 펼치셨네.

연꽃등 밝혀요. 등불 밝혀요.
우리 모두 지혜의 큰 등불을 밝혀요.

손동작
새싹 (빌마 엘러직)
정원에 핀 꽃 (빌마 엘러직)

<새싹>

우리 집에는 조그마한 밭이 있어요.
여기에 여러 가지 씨앗을 뿌렸어요.
씨앗들이 잘 쉬라고 흙을 덮어 주어요.
하늘에서 뭐가 내릴까? 하고 기다리지요.
하늘이 비를 내려 줍니다.
이젠 새싹이 자라나겠지?
아! 싹이 나왔네.
두 개, 세 개, 네 개, 다섯 개.
여기 보세요, 봄이 왔어요.

<정원에 핀 꽃>

정원에 핀 한 송이 꽃, 누구를 기다리고 있을까?
아기 무당벌레, 아기 무당벌레, 작고 작은 아기 무당벌레.
흔들 흔들 흔들 흔들
바람 따라 그네 타요. 흔들 흔들 흔들 흔들
(꼬물꼬물 기어감)

정원에 핀 한 송이 꽃, 누구를 기다리고 있을까?
팔랑팔랑 노랑나비 작고 작은 노랑나비

흔들 흔들 흔들 흔들
바람 따라 그네 타요. 흔들 흔들 흔들 흔들
(팔랑팔랑 날아감)

정원에 핀 한 송이 꽃, 누구를 기다리고 있을까?
(즈~~~~~~) 아기 꿀벌
흔들 흔들 흔들 흔들
바람 따라 그네 타요. 흔들 흔들 흔들 흔들
(즈~~~~~~~~~~~~~: 뒤로 사라짐)

이제 꽃은 혼자인가?
아니에요.
해님이 찾아왔어요.
따사롭게 따사롭게 비춰 주더니
서쪽 하늘로 사라졌어요.
꽃은 잠이 들었어요.

5월 노래

오월이 오면(헝가리 민요, 이미애 번안)

봄맞이 가자(김태오 작사, 박태현 작곡)

예쁜 민들레 한 송이(변종인 곡)

나비 노래(독일 민요)

오월이 오면

화사한 꽃을 보듯이

헝가리 민요, 이미애 번안

오 월 이 - 오 - 면   장 미 꽃 이 피   고

Fine

오 월 이 - 오 - 면   찔 레 꽃 이 피 네

오 월 이 - 오 - 면   내 마 음 도 피 네

D.C. al Fine

아 카 시 아 꽃 도 촘 촘 히   가 지 마 다 곱 게 매 달 려   향 기 전 하 네

단
오

모내기를 끝내고 풍년을 기원하는 제사이기도 한 단오는 설날, 한
식, 추석과 함께 우리나라의 큰 명절로 여러 가지 행사가 행해지고
있습니다. 여름이 찾아오기 전 본격적인 더위를 맞기 위한 행사이기
도 한 단오는 2005년에 유네스코 문화유산으로 등재되기도 하였습
니다. 단오는 초닷새라는 뜻으로, 음양 철학적으로 양기가 가장 왕
성한 날입니다. 단오에는 여러 가지 풍속이 전해 옵니다. 〈나무와숲〉
에서는 쑥과 익모초 뜯기, 단오 부채 그리기, 단오 수리취떡 만들기
를 하고 단오 무렵에는 뒷마당 모래밭에서 씨름을 하고 그네뛰기 같
은 경험을 합니다.

동화

구렁덩덩 신선비 [*]

동화 속 노래

구렁덩덩 신선비

전래동화, 이미애 작곡

1. 달 도 밝 고   별 도 밝 은 데   이 내 마 음 외 롭 구 나
2. 달 도 밝 고   별 도 밝 은 데   이 내 몸 은 고 달 퍼 라

고 향 에 있 는   내 색 시 - 도   저 달 보 고 있 을 까
구 렁 덩 덩 -   신 선 비 님 도   저 달 보 고 있 을 까

*_   참고 도서_『우리가 정말 알아야할 옛 이야기 백 가지』(서정오 지음/ 현암사)

모내기가 시작되는 단오가 배경이 되는 이야기로 계절적으로 잘 맞는 이야기입니다. 구렁덩덩 신선비와 혼인을 하게 된 막내딸은 신선비와의 첫 만남에서 두 언니와는 달리 한낱 미물인 구렁이를 측은히 여길 줄 아는 고운 마음을 지닌 주인공입니다. 스스로 가치를 찾을 수 있는 사람만이 주인공이 될 수 있고, 새로운 삶의 역사를 이룰 수 있기에 막내딸이 집을 떠나 낯선 세계로 나아가는 것  은, 마침내 별세계에 이르러 신선비를 되찾고 영원한 행복을 이루는 상징입니다. 자기 삶의 주인이자 창조적 삶을 사는 막내딸의 여정은 아이들에게 선에 대한 또 하나의 의미를 가져다 줄 것입니다. ˚

*_ 참고 도서_ 『환상적 상상력의 논리』(살아있는 고전문학 교과서, 2011. 4. 19., 권순긍, 신동흔, 이형대, 정출헌, 조현설, 진재교)

라이겐

단오 (시: 윤선영 원작의 시를 일부 수정)

단오

태양의 밝은 느낌으로

이미애 작사, 작곡

태 양 이 밝 은 빛 을 비 추 어 주 면

산 은 짙 은 녹 색 으 로 단 장 을 하 고

태 양 을 사 랑 하 는 우 리 들 마 음 도

풀 처 럼 나 무 처 럼 쑥 쑥 자 라 요

태양이 밝은 빛을 비추어 주니 산은 짙은 녹색으로 단장을 하고
태양에게 고맙다고 인사를 해요.
태양이 좋아서 더욱더 많은 빛을 비추어 주니
나무도 풀들도 쑥쑥 자라요.

바구니 들고 논둑가로 산으로 수리취떡 만들 쑥을 뜨러 가요.
쑥을 뜨어요. 쑥을 뜨어요.
음~ 쑥향기가 벌써 나를 건강하게 해 주어요.
쑥을 뜨어요. 쑥을 뜨어요.
음~ 이마에 머릿속에 땀이 나기 시작해요.

집으로 돌아와 머리를 감아요.
창포 삶은 물에 머리를 감아요.
시원해진 머리칼의 향긋한 내음이 코끝에 와 닿아요.

이제 우리 앉아서 부채를 만들어요.
반달 모양 부채에 멋진 그림 그려 넣어 나만의 부채를 만들어요.
부채에서 나오는 시원한 바람에 더위가 벌써 저만치 달아났어요.

태양이 밝은 빛을 비추어 주니 나무도 풀들도 쑥쑥 자라요.
마당에 있는 대추나무도 이제 시집보낼 때가 되었어요.
동그란 돌을 가지 사이에 다소곳이 올려놓고
대추나무 대추 아기 많이많이 낳으라고 마음으로 빌어 주어요.

모내기로 바빴던 동네 아저씨들 모두 모여
시원한 나무 그늘 아래 모래밭에서 씨름을 하며 힘을 겨뤄요.
와-와 함성 속에 우리도 구경꾼이 되어 응원을 해요.

커다란 나뭇가지에 동아줄 묶어 그네를 만들어요.
한 번 구르니 나무 꼭대기까지 올라갈 듯
두 번 구르니 하늘까지 닿을 듯해요.
장난스런 바람이 옷자락을 펄럭이네요.

태양이 밝은 빛을 비추어 주니 산은 짙은 녹색으로 단장을 하고
태양에게 고맙다고 인사를 해요.
태양이 우리를 사랑해서 더욱더 많은 빛을 비추어 주어요.

손동작
달팽이(빌마 엘러직)
꼬방꼬방 장꼬방에(우리나라 전래 놀이)

<달팽이>
달팽이가 집에서 기어 나와요.
작은 뿔을 내밀어요.
톡- 톡-
뿔을 다시 집어넣고
집으로 돌아가요. 달팽이

<꼬방 꼬방 장꼬방에>
꼬방 꼬방 장꼬방에
모래알로 밥을 짓고
꽃잎 따서 전 부치고
풀잎 따서 국 끓이자.

〈나무와숲〉에서는 자연을 아끼고 사랑하는 마음으로 들판에 핀 한 송이 꽃이나 풀조차도 따지 않고 눈으로만 보도록 합니다. 그래서 이 전래동요로 하는 손동작에서 '꽃잎 따서'가 아닌 '꽃잎 주워'로, '풀잎 따서'가 아닌 '풀잎 주워'로 바꿔서 하고 있습니다.

6월 노래
앵두(작자 미상)
뻐꾸기(윤석중 시, 요나손 곡)
여름 바람(스웨덴 곡)
여름이 오네(김희동 곡)
빛나는 햇살 속에(크리스토프 프레토리우스Christoph Praetorius)

유두

동쪽으로 흐르는 물에 목욕을 하고 머리를 감는다(동류수두목욕)는 의미를 갖는 유두 무렵, 동쪽으로 흐르는 물은 푸르고 기운이 가장 왕성하다고 합니다. 유두의 의미처럼 물맞이를 통해 건강한 여름나기를 기원하면서 유두 리듬 동안 날을 정해 아이들과 가까운 계곡으로 물맞이를 갑니다. 물맞이를 가기 전에 유두 국수로 간식을 먹는 것도 아이들이 기다리는 일 중의 하나입니다. 유아들이라 유두의 의미를 알기보다는 그저 물놀이에 재미를 갖는 것이지만, 뜨거운 여름을 이렇게 식히는 것도 즐거운 일입니다.

동화:

푸른 잎사귀*

　장마철이 배경인 동화로 은혜를 갚을 줄 아는 동물과 은혜를 저버
린 사람을 대비시키고, 그 은혜를 저버린 사람조차도 너그러운 마음
으로 용서하는 것을 내용으로 한 우리나라 전래 동화입니다.

돼지 세 마리**

　선행에 대한 보답으로 귀한 선물을 받고 그 선물로 인해 한 나라의
공주와 결혼하게 되는 젊은이에 대한 동화를 테이블 인형극으로 보

*_　참고 도서_『남북 어린이가 함께 보는 전래 동화』 권정생.이현주 엮음/사계절출판사

**_　독일 수제 쾨니히지음/변종인 번역

여 줍니다. 라이어 *로 연주하는 음악을 중간 중간 삽입해 아이들의
흥미를 더하면 좋습니다.

라이겐:
유두(시 : 작자 미상의 시를 일부 수정)

여는 노래

유두

천천히 민요풍으로

이미애 작사, 작곡

가 세 가 세 물 맞 이 가 세   몸 도 씻 고 머 리 도 감 아

요 -   비 가 오 고   햇 살 비 치 니 -

땅 위 에 서   열   매 가   익 - 어 가 요

고추밭에 고추가 빨갛게 익어요.
오이밭에 오이가 길쭉해졌어요.
콩밭에는 콩들이 알알이 맺히고
빨간 빨간 토마토도 탐스럽게 익었어요.
비와 햇살에 잘 익은 열매들을 따서 바구니에 담아요.

*⁻   Leier_ 발도르프 교육 기관이나 치유 기관에서 많이 연주되는 현악기

열매 속에서는 비와 햇살 맛이 날 것만 같아요.

날이 더워지면 모두 냇가로 가요.
냇가에서 손도 씻고 발도 씻고 머리도 감으니
마음까지 개운해져요.
이제 시원한 그늘에 앉아 국수를 먹어요.
기다란 국수를 후루룩 냠냠 후루룩 냠냠
얼음 띄운 국물까지 꿀꺽꿀꺽 마시니
땀이 쏙 들어가며 더위가 저만치 달아났어요.

쉿! 가만히 들어 보아요.
누군가 땅 위를 조용히 두드리고 있어요.
톡 톡 톡 톡 토독 토독 토독 토독 토도독 토도독........

쏴아 쏴아 쏴아 쏴아
모두 집으로 돌아가요.
나비도 잠자리도 날개를 접고 나무 잎새 뒤로 숨었어요.
파시시시 파시시시 우르릉 쾅쾅 우르릉 쾅쾅
파시시시 파시시시 우르릉 쾅쾅 우르릉 쾅쾅
쏴아 쏴아 쏴아 쏴아
토도독 토도독 토도독 토도독 토독 토독 토독 토독 톡 톡 톡 톡.....

모두 나와 보세요. 태양이 구름 속에서 나오려고 해요
모두 나와 보세요.
태양이 비춰 줄 때나 비가 내릴 때나
우리들은 이 땅 위에 환하게 빛나고 있어요.

손동작
산은 숲을 품고(김용섭 시)
비(빌마 엘러직)

<산은 숲을 품고>
산은 숲을 품고
숲은 나무를 품고
나무는 새 둥지를 품고
새 둥지는 새를 품고
새는 새는 노래로
온 산을 품고

<비>

톡 톡 톡 톡　머리 위에도
톡 톡 톡 톡　어깨 위에도
톡 톡 톡 톡　배 위에도
톡 톡 톡 톡　무릎 위에도
톡 톡 톡 톡　발 위에도
전부 젖었네!
흠뻑 젖어 버렸네.

7월 노래

여름 냇가 (이태선 작사, 박재훈 작곡)

구슬비 (권오순 작사, 안병원 작곡)

햇볕 (이원수 작사, 백창우 작곡)

여름 (김희동 곡)

여 름

8
월

한여름에는 몇 주간 방학을 갖습니다. 방학 동안 교사들은 재교육을 위한 여름 아카데미에 참여하고 다음 학기 준비를 위해 몸과 마음을 가다듬는 시간을 보냅니다. 아이들은 부모님의 휴가 기간과 맞물려 산과 바다에서 즐거운 휴식의 시간을 보내는 때입니다.

동화

개구리 왕자(그림 형제 동화)

개구리로 변하는 마법에 걸린 왕자와 세상에서 가장 아름답지만 감정적이고 충동적인 공주, 그리고 어려움에 처했을 때 도움을 준 이는 후에 멸시 받아서는 안 되며 약속은 반드시 지켜야 하는 것이라 이야기하는 공주의 아버지인 왕이 등장하며, 자신의 잘못에 대한 반성과 용서를 통해 행복한 결말을 보여 주는 독일의 전래 동화입니다.

라이겐

여름(이미애 시, 노래)

여는 노래

여름

밝고 경쾌하게 (초록의 느낌으로)　　　　　　　　　　　　　　이미애 작사, 작곡

푸 - 른 바 다 열 려 요　　푸 - 른 산 이 열 려 요

물 장 구 치 고 산 에 도 가 고 우 리 들 의 마 음 도　　푸 른 색 이 되 지 요

바다가 우리들을 불러요.
푸른 물결 춤추는 바다가 우리들을 불러요.
바다에 첨벙 뛰어들어서
물장구치고 수영도 해요.
조개껍질 주워 실에 꿰어 만든
목걸이는 바다가 준 선물이에요.
바닷가 모래밭에서 두 손 토닥거려 가며 모래성을 만들고
손가락으로 멋진 모래 그림도 그려요.
어느새 밀려온 높은 파도가
모래성을 허물고 모래 그림을 지워도 괜찮아요.
깨끗한 모랫길도 멋지거든요.
푸른 바다에 가면 내 가슴이 바다처럼 열려요.
내 생각이 바다처럼 커져요.

산이 우리들을 불러요.
초록으로 우거진 산이 우리들을 불러요.
산꼭대기 올라가 아래를 내려다 보면
높다랗던 우리 집도 손톱만 하게 보여요.
두 손 입에 대고 "야호"하고 외치니
저쪽 골짜기의 메아리 친구가
"야호"하고 대답을 해 주지요.
나뭇잎을 흔들던 바람이 내 이마를 스치면
흐르던 땀이 어느새 쏘옥 들어가 버려요.
바람에게 고맙다고 인사를 하니
내 마음이 산처럼 커진 것 같아요.

푸른 바다 푸른 산에서 보낸 여름이
내 마음을 푸른색으로 물들여 놓았어요.
내 생각의 키를 훌쩍 크게 만들었어요.

손동작

나무 타는 소년(이미애 작사, 작곡)

개구리와 파리(빌마 엘러직)

나무 타는 소년

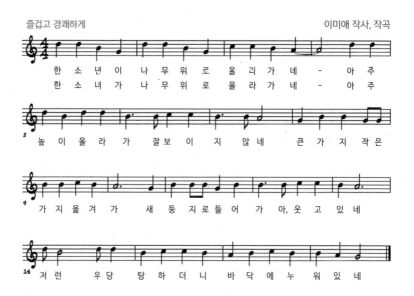

<개구리와 파리>
바위 위에 개구리 한 마리가 앉아 있어요. 개굴 개굴 개굴
윙 윙 윙 파리 한 마리가 날아왔어요.
개구리 옆에서 날아다닙니다.
윙 윙 윙 개구리가 잽싸게 날름!
아이 맛있어. 아이 맛있어.
그리곤 입술을 핥았어요. 개굴 개굴 개굴

윙 윙 윙 파리 한 마리가 또 날아왔어요.
개구리 옆에서 날아다닙니다.
윙 윙 윙 개구리가 잽싸게 날름!
아이 맛있어. 아이 맛있어.
그리곤 입술을 핥았어요. 개굴 개굴 개굴
윙 윙 윙 파리 한 마리가 또 날아왔어요.
개구리 옆에서 날아다닙니다.
윙 윙 윙 개구리가 잽싸게!

아하, 잡지 못했어요. 아하, 잡지 못했어요.
윙 윙 윙 파리는 다른 곳으로 날아갔어요.
윙 윙 윙

개구리는 다시 혼자가 되어 바위 위에 앉아 있어요.
개굴 개굴 개굴
그리곤 연못 속으로 폴짝 들어갔어요.

8월 노래

참새(정세문 작사, 외국 곡)

파란 마음 하얀 마음(어효선 작사, 한용희 작곡)

옹달샘(윤석중 작사, 외국 곡)

매미(이태선 작사, 박재훈 작곡)

추
석

9
월

추석은 음력 팔월 보름을 일컫는 말로, 가을의 한가운데 달이며 또한 팔월의 한가운데 날이라는 뜻을 지니고 있는 손가락에 꼽는 큰 명절입니다. 한가위, 중추, 중추절, 중추가절이라고도 하지요. 추석을 글자대로 풀이하면 가을 저녁을 의미하는데 가을의 달빛이 가장 좋은 밤이라는 뜻이니 달이 유난히 밝은 좋은 명절이라는 의미를 갖고 있지요. 우리가 한가위 보름달을 보며 소원을 비는 것도 이렇게 가장 좋은 밤이기 때문이 아닐런지요. 추석이나 설은 가정에서도 중시하며 지내는 명절입니다. 아이들과 송편을 빚으면서 명절 분위기를 더욱 실감하곤 합니다.

한 학기를 지내고 새로 맞는 학기이기도 한 9월 무렵엔 봄에 새로 입학해 한 학기를 지낸 아이들 집으로 교사들이 가정 방문을 갑니다. 아이를 함께 키워 가면서 아이의 가정 환경을 공유하고 혹시나 환경적으로 변화가 필요한 부분이 있는 지도 살펴봅니다. 아이의 물리적

환경에 변화가 필요하다고 느끼면 부모님과 긴밀하게 의견을 나누
어 아이에게 적합한 환경으로 변화를 꾀합니다. 그리고 한 학기 동안
아이가 지낸 이야기와 교사가 파악한 아이의 성격 등에 대한 이야기
등 두루두루 주제에 제한 없이 부모님과 이야기를 나눕니다. 대표 교
사가 부모님과 이야기 나누는 동안 다른 교사는 아이와 놀이를 합니
다. 아이는 선생님과 단 둘이 긴밀하게 노는 것이 입학 상담 이후 처
음이라 매우 좋아합니다. 간혹은 이야기 거리가 많아져서 간단히 저
녁 밥상을 함께하는 경우도 있고, 아이가 이사를 가 환경이 바뀌면서
선생님을 초대하고 싶어하는 경우 다시 재방문하는 일도 있습니다.

동화

푸른 구슬 붉은 구슬[*]

이 이야기에는 두 형제가 등장합니다. 마치 흥부 놀부 이야기를 듣는 듯한 느낌의 이야기 속에는 욕심에 대한 주제뿐만 아니라, 타인에 대한 측은지심에 의해 얻게 되는 행운에 대한 내용도 들어 있습니다. 물 한 모금을 얻어 마셔도 큰 은혜를 입는 것인데 하물며 빈궁기에 귀한 음식을 얻어먹었으므로 반드시 은혜를 갚아야 한다고 생각하는 할머니가 등장하며, 욕심 많은 형을 통해 과한 욕심에 대해 경계해야 하는 것이 아이들의 상상을 한껏 자극하며 펼쳐집니다.

라이겐

추석(이미애 시, 노래)

여는 노래

추석

방아를 찧듯 경쾌하게   이미애 작사, 작곡

쿵 덕 쿵 덕 쿵 쿵 덕 쿵 덕　햅 쌀 받 아 떡 방 아 찧 어

예 쁜 송 편 만 들 어 요　환 한 달 빛 한 가 위 달 빛

온 세 상 에 가 득 할 때　마 음 까 지 밝 아 져 요

*_　　　참고 도서_ 『창비 아동문고 24 한국전래동화집 2』(이원수.손동인 엮음/ 창작과 비평사)

초록으로 우거졌던 산이 노랑 빨강 단풍으로 물들기 시작하고
넓은 논에 자라던 벼들이 황금빛으로 물들며 고개를 숙였어요.
사과나무 감나무에 달린 열매들도 커져서 예쁜 색으로 물들었어요.

잘 익은 벼 이삭, 수숫단, 옥수수자루 엮어
기둥 위에 걸어 놓으면
농부 아저씨는 마음이 든든해져요.
더도 덜도 말고 항상 한가위만 같았으면 좋겠다고 생각하지요.

밤하늘에 떠 있던 환한 달이 점점 동그랗게 커지더니
일 년 중 가장 큰 한가위 보름달이 되었어요.

햅쌀 빻아 반죽하여 온 가족 둘러앉아
반달 모양 송편을 만들어요.
햇콩도 넣고 고소한 참깨도 빻아 넣고
햇밤도 달콤하게 삶아 넣어 맛있는 송편을 만들어요.

알록달록 고운 색의 우리 옷 차려입고
온갖 햇과일과 음식으로 수놓듯 차려진 차례 상 앞에서
맑은 술 따라 붓고 차례를 지내요.
하늘에 계신 조상님들께 감사하는 마음으로,
풍성한 가을을 가져다주신 하늘과 땅에 감사하는 마음으로
차례를 지내요.

차례 상에 올렸던 음식 이웃과 서로 나누니
우리 집 남의 집 할 것 없이
모두 풍성한 식탁이 되어요.

더도 덜도 말고 항상 한가위만 같다면
사람들 모두 행복할 거예요.

손동작
떡방아(우리나라 전래 놀이)
이른 아침(빌마 엘러직)

<떡방아>
아침 방아 찧어라.
저녁 방아 찧어라.
떡 해 먹게 찧어라.
쌀 방아 찧어라.
콩 방아 찧어라.
물방아 찧어라.
앞집 방아 쿵덕
뒷집 방아 쿵덕
쿵덕 쿵덕 잘 찧는다.

<이른 아침>
이른 아침, 이른 아침
아빠 닭이 가장 먼저 일어났어요.
꼬끼요~   꼬끼요~
모두들 일어나세요! 꼬끼요~
그때 해님이 하늘 높이 올라왔어요.
그리고 온 세상을 밝게 비추어 주었지요.

그러자 작은 새가 일어났어요.
짹 짹, 짹 짹
그때 멍멍이도 일어났어요.
멍멍, 멍멍, 멍멍
아, 이제 당나귀도 한마디 하네요.
이힝~ 이힝~ 이힝~
송아지도 일어나서 엄마 소를 불러요.
음메~ 음메~
염소도 일어났어요.
메헤~ 메헤~ 메헤~
아침의 밝은 햇살 속에
꽃들도 꽃잎을 살짝 열었어요.
마지막으로 우리 막내도 일어나서
하 하 하 웃네, 하 하 하 웃네.

9월 노래
가을이 오면(김희동 곡)
파란 가을 하늘(어효선 작사, 김공선 작곡)
가을이다(미상)

가을

10
월

추석이 지나고 나면 산은 가을빛이 역력합니다. 알록달록 단풍으로 물든 산에는 가을 열매들이 붉게 물들어 가고 도토리, 밤도 산책길에서 많이 줍게 됩니다. 아이들은 버찌 열매를 입가가 빨개지도록 따먹고 밤을 주워 다람쥐보다도 잘 까먹습니다. 산책길에 잠깐 주운 밤이 양푼에 가득가득 담기는 일도 자주 있습니다. 잘 여문 도토리는 그대로 아이들에겐 재  미난 먹을거리가 됩니다만, 간혹은 주운 도토리를 말리고 가루내 묵 가루로 만드는 긴 과정을 거쳐 도토리묵을 쑤어 먹기도 합니다. 아이들은 그냥 먹으면 떨떠름했던 도토리가 이렇게 맛난 음식으로 변한다는 걸 아주 신기해 합니다.

10월 즈음엔 다음 해 입학할 아이들을 위한 입학 설명회나 입학 상담이 있습니다. 아이와의 첫 만남이 이루어지는 입학 상담은 두 시간 정도 시간을 갖고 진행합니다. 발도르프 교육에 대해 그저 자연주의 교육, 숲유치원 등 피상적인 개념을 갖고 찾아오시는 분들이 있습니다. 그런 분들에게는 발도르프 교육이 어떤 교육인지를 먼저 알려드린 다음 발도르프 유아 교육 기관이 어떻게 운영되고 어떤 리듬 생활을 하며 아이들과 어떻게 지내는지를 이야기하게 됩니다. 대표 교사가 부모님과 상담을 하는 동안 아이는 다른 교사와 놀이를 합니다. 낯선 곳을 방문하면서도 전혀 긴장하지 않고 노는 아이들도 있고, 보호자가 보이고 대여섯 발자국만 걸어와도 보호자 손을 잡을 수 있는 같은 공간임에도 불구하고 보호자 곁을 떠나지 않으려 하는 아이도 있습니다. 이런 과정 속에서 때로는 아이의 애착형성 정도도 알 수 있게 되며 아이의 성향을 감지할 수 있기도 합니다.

동화
헨젤과 그레텔[*]

고약한 새어머니와 살게 된 남매가 너무나 심한 가난 때문에 먹을 것이 없어서 숲에 버려지고, 숲속에서 마귀할멈을 만나 어려움에 처하지만 지혜로 그 어려움을 극복하고 집으로 돌아와 아버지와 더불어 행복하게 살아가게 되는 내용의 이야기입니다. 어려운 상황에서도 포기하지 않고 끝까지 헤쳐 나가면 어려움은 극복되고, 결국 좋은 일이 있을 것이라는 희망의 메시지를 담고 있습니다.

라이겐
가을(이미애 시, 노래)

여는 노래

가을

단풍 고운 산을 그리며   이미애 작사, 작곡

산 으 로 가요 산 으 로 가 요

가 을 에 물 든 산 으 로 가요 산 으 로 가 요

산 으 로 가 요 가 을 에 물 든 산 으 로 가 요

---

*_   참고 도서_ 『샘터 파랑새문고』(그림형제 / 샘터출판사)

눈이 부시도록 푸른 하늘을 이고
저기 가을 산이 우리를 불러요.
산으로 가요. 산으로 가요. 가을에 물든 산으로 가요.

가을 산에 가면 나뭇잎이 나무에서 나풀거리며 떨어져요.
노란 은행잎, 빨간 단풍잎, 갈색 참나무잎.
가을 산은 단풍으로 옷을 입었어요.
가을 산은 단풍으로 옷을 입었어요.

가을 산에 가면 알밤이 나무에서 떽떼구르르,
도토리가 나무에서 떽떼구르르
낙엽 위로 떨어지며 투둑 투두둑 투둑 투두둑 소리를 내요.
내가 걷는 발밑에서는 바스락 바스락 바스락 바스락
낙엽들이 노래를 해요.
가을 산에 가면 낙엽들의 노래가 들려요.
가을 산에 가면 낙엽들의 노래가 들려요.

가을 산에 서서
조용히, 아주 조용히 귀를 기울이면

여기서 또르르 또르르 저기서 찌르르 찌르르
여기서 또르르 또르르 저기서 찌르르 찌르르
가을 산은 풀벌레 소리로 가득해요.
가을 산은 풀벌레 소리로 가득해요.

손동작
고 조그만 씨 속에(어효선 시)
목수 아저씨(빌마 엘러직)

<고 조그만 씨 속에>
고 조그만 씨 속에
이 많은 잎들이 들어 있었구나.
고 조그만 씨 속에
이 많은 꽃들이 들어 있었구나.
고 조그만 씨 속에
이 많은 새 씨가 들어 있었구나.
씨는 작으면서도 큰 것.
크면서도 작은 것.

<목수 아저씨>
쉿!쉿!쉿! 쉿!쉿!쉿!
어디선가 나무 깎는 소리가 들려요.
쉿!쉿!쉿! 쉿!쉿!쉿!
목수 아저씨가 대패질을 하고 계셔요.

커다란 옷장,
커다란 침대,
커다란 식탁,
커다란 의자.

쉿!쉿!쉿! 쉿!쉿!쉿!
어디선가 나무 깎는 소리가 들려요.
쉿!쉿!쉿! 쉿!쉿!쉿!
목수 아저씨가 대패질을 하고 계셔요.

아주 작은 옷장,
아주 작은 침대,
아주 작은 식탁,
아주 작은 의자.
작은 것은
아주 귀여운 난쟁이를 위한 것.

10월 노래

가을(이미애 작사, 작곡)

가을 바람(김규환 곡)

가을 길(김규환 곡)

가을 산에 올라가(외국 곡)

가을

이미애 작사, 작곡

바람이 우수수 - 나뭇잎 우수수 - 낙엽을 밟으며 - 산길을 걸어요 -

바스락 바스락 - 낙엽들 노래에 - 내 마음 따라서 - 가을을 노래해 -

또르르 또르르 - 찌르르 찌르르 - 풀벌레 소리에 - 깊어가는 가을

김
장

11
월

우리나라 음식 중 사시사철 빼놓을 수 없는 음식은 단연 김치일 것입니다. 그중 여름부터 가을까지 밭에서 석 달을 자란 배추로 담그는 김장은 오래전부터 추운 겨울을 준비하는 우리의 귀한 음식이었습니다. 2013년 유네스코는 우리의 김장이 수백 년 동안 전해 내려오는 음식일 뿐만 아니라 김장 문화가 우리 민족의 정체성을 형성해 온 중요한 문화유산이라는 것을 인정해 인류무형문화유산으로 등재하였지요. 그래서 11월 리듬 생활은 김장을 주제로 하면서 우리 먹을거리에 대한 중요성을 다시금 새겨봅니다. 실제 김장을 담그는 것은 교사와 부모님들의 몫이지만, 각 가정에서 아이들 손이 더해진 김장 김치 한 포기씩을 보내와 점심식사의 맛난 한 끼 반찬이 되도록 합니다.

아이들과 함께하는 겨울 준비로는 밀랍초 만들기가 있습니다. 일곱 살 아이들과 하는 작업으로, 밀랍 덩어리를 녹인 촛물에 기다란 초 심지를 수십 번 담갔다 꺼내어 두툼한 모양의 고드름 초를 만듭니다. 아이들의 정성으로 만들어진 밀랍초는 매일 이야기 시간마다 동화 테이블 위에서 아이들의 마음까지 환하게 밝혀 줍니다.

동화

호랑이와 곶감 *

어리석은 호랑이가 곶감을 음식이 아닌 자기보다 무서운 존재로 착각하고 도망치는 과정을 묘사한 이야기입니다. 강자는 어리석음 때문에 궁지에 몰리고, 약자가 재치 있는 대처로 어려움에서 벗어날 수 있음을 해학적으로 그려낸 이야기입니다.

라이겐

김장 (이미애 시, 노래)

김장

장단을 맞추듯 밝게

이미애 작사, 작곡

차가운 바람이 불기 시작하면 - 나무는 잎새를
모두 떨 구 고 - 겨 울 맞 이 준 비 를
하 지 요 - 산 속 의 다 람 쥐 청 설 모 도
도 토 리 랑 알 밤 이 랑 주 워 모 으 며 -
겨 울 맞 이 준 비 를 하 지 요

차가운 바람이 불기 시작하니
단풍으로 변했던 나뭇잎들이 모두 땅으로 떨어져 내리고
나무는 겨울맞이 준비를 해요.

산속에 사는 다람쥐랑 청설모도
겨울맞이 준비를 위해 도토리랑 밤이랑 주워 모으지요.

우리 집에서도 겨울맞이 준비를 해요.

텃밭에 심었던 배추와 무를 뽑아 김장을 담가요.

커다란 배추를 반으로 가르고
무와 갓, 미나리, 파도 예쁘게 다듬어요.
마늘과 생강은 껍질을 벗겨서 깨끗이 씻어 놓아요.
반으로 가른 배추를 소금물에 풍덩풍덩 목욕시키고
배춧잎 사이사이에 굵은 소금을 솔솔 뿌려 절여 놓지요.
한참 동안 잘 절여진 배추를 맑은 물에 헹궈서 소쿠리에 건지면
주룩주룩 주루룩, 토독토독 토도독 소쿠리 밑으로 물이 빠져요.

큼직한 무는 납작납작 썬 후 길쭉길쭉 채 썰어 놓고
갓이랑 미나리랑 파도 송송송 예쁘게 썰어 놓아요.
마늘이랑 생강은 절구에 콩콩콩 찧어 곱게 다져 놓아요.

찹쌀가루로 풀을 쑤어 빨간 고춧가루 듬뿍 넣은 후
마늘, 생강, 젓갈을 골고루 섞고,
썰어 놓은 갖가지 채소를 넣어 버무리면 맛있는 김치 속이 되지요.

노오란 배추 속잎 뜯어 김치 속을 넣어 맛을 보아요.
고춧가루 양념이 입안을 맵게 하지만
음~ 김치는 정말 맛있어요.

물이 빠진 절임 배추에 한 켜 한 켜 양념을 넣으면 맛있는
김치가 되지요.
김치 속 넣어 예쁘게 갈무리한 배추들을
항아리에 차곡차곡 담고 우거지를 덮어 놓으면
우리 집 겨울맞이 준비 중에서 가장 큰 일이 끝난 것이라
엄마는 마음이 든든해져요.

추운 겨울이 오면
항아리 속에서 잘 익은 김치가 밥상 위에 올라오지요.
맛있게 잘 익은 김치만 있으면
밥 한 그릇 금세 먹게 되지요.
그뿐인가요.
구수한 김치전도 해 먹고,
얼큰한 김치찌개도 해 먹고,
김치 넣은 만두도 해 먹을 수 있어요.
맛있는 겨울을 보내고 나면 우리는 쑤욱 자라 있을 거예요.
훌쩍 커서 봄을 맞이하게 될 거예요.

손동작

둥지 속의 두 마리 새(빌마 엘러직)

고슴도치(빌마 엘러직)

<둥지 속의 두 마리 새>
둥지 속의 두 마리 새
잠을 자네요.
한 마리가 깨어나
날개짓하며 웃어요.
또 한 마리가 깨어나
날개짓하며 웃어요.
두 마리의 새가 날아가요.
숲과 들판을 날며
행복하게 웃어요.
그리고 둥지로 돌아와요.

\<고슴도치\>
쉬~ 쉬~
소리가 들려요, 나뭇잎 더미 속에서.
쉬~ 누가 걸어갈까요?
타박 타박 타박 타박
여기저기 왔다 갔다
바스락 바스락 부스럭 부스럭
여기저기 왔다 갔다
여기저기 왔다 갔다
아! 여기 코가 보여요.
그리고 많은 가시도 있어요.
타박 타박 타박 타박
여기저기 왔다 갔다
바스락 바스락 부스럭 부스럭
여기저기 왔다 갔다
여기저기 왔다 갔다

아마, 다 알고 있었지요?
바로 작은 고슴도치에요.
타박 타박 타박 타박
여기저기 왔다 갔다
바스락 바스락 부스럭 부스럭
여기저기 왔다 갔다
여기저기 왔다 갔다
타박 타박 타박 타박
타박 타박 타박 타박

아! 달아났는지
이제 아무 소리도 들리지 않아요.

11월 노래

도토리(유성윤 작사, 황철익 작곡)
이 몸이 새라면(안병원 작사, 독일 민요)
무지개(외국 곡)
빛나는 아침 해처럼(김희동 곡)

성탄절

12
월

기독교나 가톨릭 종교와 무관한 사람들도 예수님은 잘 알고 있고, 아이들은 성탄절을 산타클로스 할아버지가 찾아오신다는 기대로 들떠 설레며 기다립니다. 12월은 그렇게 설레임이 있는 달입니다. 〈나무와숲〉에서는 성탄절이 단순한 산타클로스의 선물을 받는 날이 아니라 종교와 관련 없이 한 성인의 탄생으로 축하하는 날로 맞이합니다. 그래서 라이겐 시간에는 아이들 스스로가 주인공이 되어 성탄 동극을 합니다. 아직은 어린 아이들이기에 성모 마리아와 요셉, 별 천사 등 등장인물에 대한 역할이 하나의 재미로만 느껴지겠지만, 아이들 마음속 깊은 곳에는 성탄절의 진정한 의미가 새겨질지도 모르겠습니다.

성탄 동극을 하며 아이들은 요셉, 마리아, 별 천사, 목동들 중 주인공이라 생각하는 요셉과 마리아를 서로 하고 싶어 합니다. 대개는 일곱 살 아이부터 중요한 역할을 맡기고 순차적으로 동생들도 그 역할을 한 번 이상씩 하게 됩니다. 때로는 남자아이가 마리아 역할을 하고 싶어 하거나 반대로 여자아이가 요셉역을 하고 싶어 하는데 성별과 관계없이 그 역할을 할 수 있게 합니다. 귀여운 새끼 양들과 망아지, 당나귀는 네다섯 살 동생들이 주로 맡지만 때로는 일곱 살 아이가 맡아서 하기도 합니다. 별 천사는 머리에 쓰는 천사 링에 별이 붙어 있기도 하고 황금빛으로 빛나는 별이 달려 있는 별 막대를 들고 있어서인지 예외 없이 아이들이 좋아합니다. 이 또한 일곱 살 아이들부터 시작해 순차적으로 돌아가며 역할을 맡습니다. 아무래도 좀 더 큰 아이들이 역할을 잘할 수밖에 없습니다. 큰 아이들이 그 역할을 맡아서 잘하는 것을 본 어린 아이들은 좀 더 잘 모방하게 되지요.

동극에서 대사가 가장 많은 역할이 별 천사와 목동들인데 이 대사를 아주 큰 소리로 하는 아이도 있지만 대부분은 입안에서 웅얼거리 곤 합니다. 교사가 전체 대사를 이끌어 주기 때문에 웅얼거리는 소리로 해도 동극의 흐름에는 상관이 없지요. 그런데 가끔은 평소 아주 내성적이고 소극적인 아이가 동극을 할 때는 큰 소리로 대사를 또박또박 읊어 그 의외성에 놀라는 경우도 있습니다. 이런 아이는 동극을 한 이후에 일상에서도 자신감을 드러내기도 해 동극이 아이에게 아주 좋은 영향을 미친 경우라 할 수 있습니다.

리듬 생활의 절정기인 셋째 주 정도가 되면 아이들은 동극을 아주 숙달되게 합니다. 네다섯 살 아이들이 동물 역할을 하는 모습(특히 양 모양의 모자를 쓴 새끼 양들)은 귀엽기 그지없습니다. 만약 누군가에게 보여 주기 위한 연습이었다면 이런 숙달됨과 편안함이 절대 나올 수 없을 겁니다. 학부모들조차 사진으로만 엿볼 수 있을 뿐이지요. 넷째 주에 마무리 리듬이 지나고 나면 아이들의 놀이 속에 한동안 동극이 재현되곤 합니다.

동화
아기 예수 이야기(이미애)
은화가 된 별 *

<아기 예수 이야기>
싯다르타 왕자 이야기를 아이들에게 짧게 들려주는 이유(5월 리듬 생활 참고)와 마찬가지로 아기 예수 이야기도 짧은 기간 들려줍니다.

---

*_   참고 도서_『그림 형제 동화』(김경연 엮음/한길사)

174

<은화가 된 별>

　대가 없이 타인에게 베푸는 선의에 대하여 값진 보상을 받게 되는 이야기로 성탄절의 따뜻한 사랑의 분위기와 잘 어울리는 이야기입니다. 독일에서는 성경 다음으로 그림 형제 동화집이 많이 읽히고 있다고 하지요. 그림 형제 동화집은 2005년 유네스코 세계문화유산에 지정될 정도로 정신적 가치를 담고 있는 책입니다. 『소유와의 이별』이라는 유명한 책의 저자인 하이데마리 슈베르머Heidemarie Schwermer는 「은화가 된 별」을 읽고 삶의 목적이 소유가 아닌 버림과 나눔의 삶을 살게 되는 동기가 되었다고 합니다. 소유가 삶의 목적이 된 듯한 현대의 삶에서 이 동화는 아이들 가슴 안에 따뜻함을 채워 줄 것입니다.

성탄 동극

　프레야 야프케 선생님의 성탄 동극 중 마구간에서의 일화를 중심으로 해 봅니다.

손동작

　털실 감기(빌마 엘러직)

<털실 감기>
홍이와 동이가 털실을 감아요.
동글동글 실뭉치, 동글동글 실뭉치
둥글둥글 실뭉치, 둥글둥글 실뭉치.

커다란 실뭉치, 정말 크게 감겼어요.
홍이와 동이가 실뭉치를 "톡"하고 떨어뜨렸어요.
실뭉치가 굴러 굴러 굴러
실뭉치가 멀리 멀리 멀리
저기 멀리 사라졌어요.

홍이와 동이가 두리번 두리번.
보이지 않아요, 실뭉치.
아, 다행히 실끝이 여기 남아 있네요.
"우리는 찾을 수 있어."

홍이와 동이가 털실을 감아요.
동글동글 실뭉치, 동글동글 실뭉치
둥글둥글 실뭉치, 둥글둥글 실뭉치.
커다란 실뭉치, 정말 크고 훌륭해.

홍이와 동이는
실뭉치를 서랍 속에 넣고
꼭 잠갔어요.
"이젠, 안심이야!"

12월 노래

작고 하얀 눈송이(이미애 번안, 독일 원곡)

곱고 고운 눈송이(독일 곡)

하얀 나라(김성균 곡)

파란 마음 하얀 마음 2절(어효선 작사, 한용희 작곡)

작고 하얀 눈송이

이미애 번안, 독일 원곡

1. 작고 하얀 눈 - 송 이 너는 어디에 서 오 니 송이
2. 지붕에도 들판에 도 산등성 - 이 위에도 하얀

송 이 떨어지네 아름다 운 눈 꽃
눈 꽃 피어나네 아름다 운 겨 울

아이들과 함께 하는 성탄 동극 ★

프레야 야프케 원작(심희섭 ** 이 번역하고 이미애가 한국의 정서에 맞게 정리)

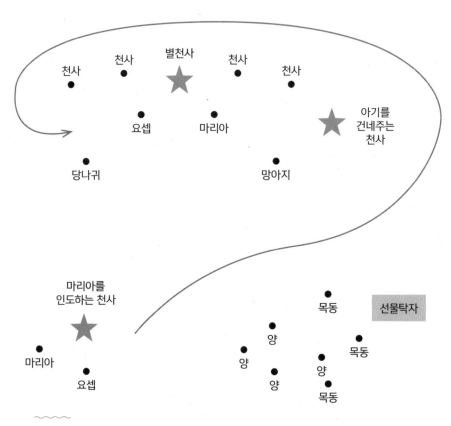

*_ 　　출처_『Tanzt & singt!』(Freya Jaffke, p52~61)

**_ 　심희섭_ 독어독문학을 전공하고 독일어 번역가로 활동 중.
　　　　푸른 씨앗 역서로는 「첫7년 그림」, 「동화의 지혜」가 있다.

"노래와 시, 중간의 텍스트로 연결되는 작은 연극. 이 극은 아이들만 배역을 정해 참여하는 식이 아니고, 어른도 참여한다. 예컨대 목동들이 구유 앞에 무릎 꿇고 아기에게 경배할 때 천사들도 스스로 두 손을 맞잡고 같이 말하도록 한다. 모방을 통해서 아이들이 제 연령에 맞게 이 기적 같은 사건에 직접 들어가게 하는 극이 되도록 한다. 즉 아이마다 배역을 맡아 제 역할을 익히는 극이 아니라는 뜻이다. 어른들은 성탄축제를 준비할 때 이 점에 유의해야 한다. 어른들은 아이들이 무엇인가를 연기한다고 생각해서는 안 되고, 아이들도 참여해서 함께 이 날을 만든다는 것을 명심해야 한다."

-프레야 야프케-

준비물: 의상용 천(붉은색, 푸른색, 갈색 천), 별 막대, 천사 링, 요셉 지팡이, 등불, 아기 예수 인형, 선물(양모, 우유병, 새끼 양 인형)

진행: 마구간에 별 천사 옆으로 천사들이 반원형을 그리고 서 있는다. 오른쪽 끝에는 아기를 건네주는 천사가 아기 예수 인형을 안고 선다. 다른 천사들은 가슴 앞에 손바닥을 펴고 팔짱을 해서 날개를 상징한다./ 여인숙 쪽에는 마리아와 요셉이 서고 마리아 앞에 마리아를 인도해 주는 천사가 선다. 마리아는 붉은색 옷을 걸치고 머리 위에는 푸른색으로 두건을 드리운다. 요셉은 갈색 천으로 옷을 걸치고 한 손에는 지팡이, 다른 한 손에는 등불을 들고 서 있는다./ 들판에는 목동들이 양을 돌보고 있다.

1. '성모 입장' 노래를 부르면서 마리
   아를 인도하는 천사가 천천히 앞
   서고 마리아는 가슴 앞에 팔을 다
   소곳이 모으고 뒤따른다. 천사들
   이 서 있는 마구간 쪽으로 걸어가
   천사들 뒤로 돌아 천사는 맨 왼쪽
   입구에 서고 마리아는 마구간으
   로 들어가 구유 앞에 앉는다.

성모 입장

성스러운 느낌으로 아주 천천히

독일 원곡, 심희섭 번역

성 모 마 리아 - 별 을 넘 어 해
해 에 게 는 - 빛 의 옷 을 짜

를 넘 어 오 시 네 음 - -
라 - - 하 시 고 음 - -

아 기 에 게 순 금 과 찬란 한 기
달 에 게 는 아기 에 게 행운 과 기

쁨 을 가 져 오 시 네 음 -
쁨 을 주 라 하 시 네 음 -

2. 요셉이 마구간을 밝히려 등불을 들고 들어옵니다.

   (요셉은 등불을 구유 앞에 놓고 마리아 옆에 가서 앉는다)

3. '마구간' 노래를 부르며 당나귀와 망아지는 앞발을 들고 천사 주위를 돌아다니다 자
   기 자리인 구유 앞으로 간다.

   (노래가 끝나면 아기를 건네주는 천사가 마리아에게 아기를 건네준다)

마구간

독일 원곡, 심희섭 번역

어린 당 나 귀   어린 당 나 귀   아 기 가 태어 날 때 구 유 곁 을
어린 망 아 지   어린 망 아 지

지 - 키 고 싶 었 다 네

4. '아기 예수' 노래 1절을 부르며 마리아가 아기가 누운 구유를 흔든 다음 요셉에게 구
   유를 건넨다. 2절을 부르며 요셉이 구유를 흔든다.

   (요셉과, 천사들, 목동들 모두 팔을 포개어 요람을 흔드는 시늉을 한다)

아기 예수

요람을 흔들듯 경쾌하게   독일 원곡, 심희섭 번역

사 랑 하 는 요 셉 저 를 도 와 서 아 기 를 흔 들 어 주 세 요
사 랑 하 는 마 리 아 당신 을 도 와 서 아 기 를 흔 들 어 주 세 요

하 느 님 의 아 들 - 을
하 느 님 의 아 들 - 을

5. '목동들' 노래 1절을 부르며, 들판으로 장면이 바뀌며 목동들이 양들 옆에서 잠을 자고 있다. 2절을 부를 때 목동들이 일어나 피리를 부는 흉내를 낸다.

목동들

독일 원곡, 심희섭 번역

어린 양을 거느린 목동 모두 쉬고 있는데 모두 쉬고
피리를 가 - 져와 - 양들에게 불어 주지요 맑고 은은한

있 는 데 무 얼 해 야 하 나 요
피 리 소리 맑 고 은은한 피 리 소리

6. 오! 아기 천사, 저 하늘 높은 곳에서 오시네. 와서 노래하고 뛰세요.

와서 피리와 나팔을 불어 주세요.

(별 천사가 앞장서서 들판으로 와 목동들 뒤를 반원으로 둘러선다)

7. **별 천사:** 저 하늘 높은 곳에서 왔단다. 너희에게 새로운 희소식을 가지고 왔 단다. 아주 많이 가지고 왔단다. 오늘 너희를 위해 한 처녀의 몸을 골라 아기 가 태어났단다. 여리고 보드라운 작은 아기. 너희에게 기쁨과 환희가 될지니.
   (별 천사가 이야기한 다음 모두 다시 마구간으로 돌아가 원래 대형으로 선다)

8. **목동들:** 이게 대체 무슨 일이죠? 아, 알겠어요. 이제 한밤중이라는 걸.(작게 손 뼉)보세요, 보세요. (두 손을 이마에 대고 하늘을 보며) 별들이 얼마나 반짝이는지 바 라볼수록 많아지지요. (두 팔로 크게 원을 그린다)
   어린 양들아, 이리 와서 모여라. 모여라, 모여라. (목동들이 양을 모는 동작을 하며) 너희에게 보여줄 것이 있단다. 저기 마구간에, 저기 마구간에 가면 아주 놀라 운 일을 보게 될 테니 어서 모여라.

9. **목동들:** 이제 우리 아기에게 드릴 선물을 생각해 보아요.
   목동1: 나는 어머니가 아기를 포근히 누일 수 있게 양모를 조금 가져다드려야지.
   목동2: 나는 어머니가 수프를 끓일 수 있게 우유를 한 병 가져다드려야지.
   목동3: 나는 놀이 동무하게 새끼 양을 가져다드려야지.
   (교사가 탁자 위에 올려둔 선물을 대사에 맞춰 목동들에게 하나씩 나누어 준다)

10. **목동들:** 형제여, 나도 같이 가련다. 내 백파이프도 챙기렴, 내 갈대 피리도 내 갈 대 피리도. 마구간에 들어가 아기에게 경배드리리. 피리도 불고, 피리도 불고...
    (선물을 든 채 마구간 쪽으로 가 왼쪽 입구에 선다)

11. '예수 경배' 노래 1절을 부르며 목동들은 문을 두드리는 시늉을 하고, 요셉은 일어서서 들어오라는 동작으로 두 손으로 공손히 안내한다. 2절 노래를 목동들이 부르고 마리아와 요셉이 노래에 맞춰 구유를 두 손으로 가리킨다.

예수 경배

독일 원곡, 심희섭 번역

문을 똑똑 두드리세요 사랑하는 분들 들어오세요
방금 태어난 아길 찾아요 찾으시는 아기 여기 있어요

12. 목동들: *안녕, 귀여운 아가. 너를 찾게 되어서 기쁘구나.*

　　목동1: *어머니께서 포근하게 누일 수 있도록 양모를 조금 가져왔단다.*

　　(마리아에게 양모를 건네고 마리아는 구유 아래쪽에 양모를 깔아 준다)

　　목동2: *나는 어머니께서 수프를 끓일 수 있게 우유를 한 병 가져왔단다.*

　　(우유 병을 마리아에게 건네주고 마리아는 한 켠에 내려놓는다)

　　목동3: *나는 놀이 동무 하게 새끼 양을 가져왔단다.*

　　(새끼 양을 구유 옆에 내려놓는다.)

13. **마리아**: *사랑하는 목동들아, 고맙구나. 너희의 노고와 좋은 선물.*

14. 목동들이 마리아와 요셉에게 절하고 돌아서서 두 손을 입가에 대고 들판을 향해 크게 소리친다.

    목동들: (서로 마주보며 이야기하듯) 형제들에게 달려가 이 기쁜 소식을 전하세.
    (들판을 향해 서서) 목동 여러분 어서 오세요. 와서 이 귀여운 아기를 보세요.
    오늘 하느님께서 우리를 구속하기 위해 선택하신 주 그리스도께서 태어나셨
    으니 어서 와서 보세요.

겨울

1 월

12월의 끝자락에 시작된 겨울 방학을 끝내고 맞는 1월은 새해의 새로움과 더불어 깊어 가는 겨울을 느끼는 시기입니다. 때로 많은 눈이 내려 눈놀이를 하는 즐거움이 있습니다. 추위에 꽁꽁 얼게 만드는 차가운 바람이 있지만, 아이들은 추위에 아랑곳하지 않고 늘 즐겁기만 합니다. 눈이 많이 내릴 때는 눈사람도 함께 만들고, 아무도 지나가지 않은 눈 내린 들판 위에 누워서 눈 천사도 만들고 선생님과 함께 눈싸움도 해 봅니다. 눈싸움을 할 때는 얼굴에는 절대 던지지 않는다는 약속을 하고 시작하는데 실수가 아닌 이상 상대방 얼굴에 눈을 던지지 않고 신나게 눈덩이를 던지며 놉니다. 늘 선생님 대 아이들이라 일방적으로 눈을 많이 맞는 건 선생님이긴 합니다.

동화
불로초 *
불우한 처지의 한 고아 소녀가 돌아가신 어머니의 사랑의 힘으로 행복을 찾게 되는 이야기입니다. 이 불우한 소녀를 도와준 할아버지는 복을 받아 젊어지고 욕심을 부리던 주인 내외는 돌부처가 돼 버린다는 내용으로 과한 욕심에 대하여 경계할 것을 서사하는 우리나라의 전래 동화입니다.

---

*_   참고 도서_『남북 어린이가 함께 보는 전래동화 3』(손동인, 이준연, 최인학 엮음/사계절 출판사)

라이겐

겨울 (이미애 시, 노래)

봄을 기다리는 마음으로

겨울(동지)

봄을 기다리는 마음으로   이미애 작사, 작곡

산 속 의 나무 들 겨울 준비 마치 고

긴 － 잠 을 자 고 있 － 어 요

또 다 시 찾 아 올 봄 을 기 다 리 면 서

긴 － 잠 을 자 고 있 － 어 요

산속의 나무들 겨울 준비 마치고 긴 잠을 자고 있어요.
들판의 풀들도 땅속에서 겨울잠을 자고 있어요.

폴짝폴짝 개구리, 스르르르 뱀도
땅속으로 들어가 겨울잠을 자고 있어요.

가을 산에서 노래하던 풀벌레들도
낙엽 밑으로 들어가 겨울잠을 자고 있어요.

겨울에는 해님도 일찍 잠을 자러 가요.
우리들은 겨울잠 대신 긴 밤잠을 자지요.

오랫동안 긴 밤을 보내고 난 우리는
해님이 일찍 나와 달라고 바라게 되어요.

해님은 우리의 바람을 알아차리고
조금씩 조금씩 이른 아침을 만들어 주고
조금씩 조금씩 늦은 밤에 자러 가지요.

겨울 들판에서는 우리가 꽃이에요.
차가운 바람만이 왔다 가는 들판에서
연도 날리고 팽이도 돌리고
우리는 여전히 신나게 뛰어놀아요.
해님은 겨울 꽃으로 핀 우리에게
따스한 햇볕을 보내 주어요.

손동작

눈송이(작자 미상)

쥐(빌마 엘러직)

<눈송이>

하늘하늘 흰 눈이 송이송이 내려와

지붕 위에도, 장독 위에도

나풀나풀 내리네, 하얀 눈이 펄펄.

온 세상에 소복소복

너에게도,

또 나에게도.

<쥐>

쥐구멍 밖으로 쥐가 내다봐요. 찍찍

잽싸게 잽싸게 휙-휙-휙-휙

땅콩을 찾았어요.

뽀-뽀-뽀-뽀-뽀-뽀-뽀-뽀 (입술을 모았다 벌리는 듯한 소리)

고소한 땅콩을 씹네요.

찍-찍!

잽싸게 잽싸게 휙-휙-휙-휙

나무 뿌릴 찾았어요.

쯧-쯧-쯧-쯧-쯧-쯧-쯧-쯧 (혀를 차는 듯한 소리)

뿌릴 갉아먹네요.

갑자기 숲속에서 바스락!

휙- 휙- 숨었다! 찍!

1월 노래

눈꽃송이(서덕출 작사, 박재훈 작곡)

연날리기(권연순 작사, 한수성 작곡)

쥐가 한 마리(작자 미상)

꼬마 눈사람(강소천 작사, 한용희 작곡)

졸업

짧게는 2년, 길게는 4년 동안 〈나무와숲〉에서 지낸 아이들이 유아기를 마무리하고 학교에 갈 시기가 다가옵니다. 제일 큰 언니, 오빠로서 멋진 7세를 보내고 학교에 갈 준비가 된 아이들이 떠날 때가 되었습니다. 헤어짐에 대한 마음의 준비를 하지만, 보내는 마음 한편에는 늘 서운함이 자리 잡습니다.

　봄에 피는 꽃, 여름에 피는 꽃, 가을에 피는 꽃이 있듯 아이들은 저마다 자신의 고유한 시계에 맞춰서 꽃을 피웁니다. 더러는 계절에 맞지 않게 늦게 피어나는 꽃도 있지만 언제 피어도 꽃은 아름답듯이 꽃처럼 피어난 아이 한 명 한 명이 모두 아름답습니다. 이 시기에 부르는 노래 중 '모두 다 꽃이야' 노래가 더욱더 가슴에 와닿는 이

유이기도 합니다.

졸업식 당일은 하루의 리듬 생활을 마치고 초대 손님인 이전 졸업생들이 올 수 있는 오후에 식을 합니다. 현관은 전날에 황금빛의 노란색 천으로 황금 문을 만들고 황금 꽃으로 장식합니다. 일곱 살까지 함께 한 아이들이 그 황금 문을 지나 새로운 세계로 발걸음을 내딛을 수 있도록 하기 위함이지요.

졸업식에는 이전 졸업생들이 초대되고, 이번 졸업하는 아이와 가족들 그리고 재원생 가족들이 함께 합니다. 졸업 라이겐을 시작으로 식이 시작됩니다. 시냇물 속의 올망졸망 어린 아기 물고들이 자라서 더 큰 강물로 가듯 이제 아이들이 더 큰 세계로 떠날 것입니다. 중세 시대에 보라색은 권위를 상징하는 색으로 귀족이나 고위 성직자만이

보라색 옷을 입을 수 있었다고 합니다. 이 공간에서 가장 권위를 갖게 된 나이의 졸업생은 황금빛의 관과 더불어 보라색의 졸업 망토를 두릅니다. 졸업하는 아이들 한 명 한 명이 가족과 함께 나와서 각자의 초에 불을 붙이고, 교사가 한 올 한 올 정성을 다해 뜨개질한 졸업 인형을 선물해 줍니다. 인형 또한 보라색 옷을 입고 있습니다. 이 인형은 옷 안으로 아이가 손을 넣어 팔을 움직일 수 있습니다. 이제 의지의 힘이 더욱 강해진 아이들이 자신의 의지로 인형을 움직이듯이 자신들 앞에 펼쳐진 세상에서 그렇게 의지를 드러낼 것입니다. 재원생 부모님들은 한 해의 이야기를 담은 졸업 앨범을 만들어 선물하고 또다른 교사는 아이들이 학교에 가서 학습을 할 때 필요한 연필꽂이를 지끈으로 만들어 그 안에 연필을 가지런히 담아 선물해 줍니

다. 잔치에는 음악이 빠질 수 없듯이 졸업 잔치 또한 그러합니다. 먼저 졸업한 초등학생에서 중학생 나이의 아이들이 오카리나, 리코더, 바이올린, 첼로 등으로 축하 연주를 하고 때로는 어머님들께서 악기 연주나 중창을 공연하기도 합니다. 축하 연주 공연이 끝나면 재원생 어머님들이 졸업식에서 들려주는 줄 인형극인 '홀레 할머니' 공연을 합니다. 이타적이며 부지런한 첫째 딸과 냉정하고 게으른 계모의 딸의 극명한 대비를 보여 주며 어떤 행동을 해야 좋은 일이 생기는지를 '홀레 할머니'를 통해 전달하고 있습니다. 졸업하는 아이들뿐만 아니라 같이 이야기를 듣는 동생들에게도 첫째 딸과 같은 좋은 성품이 자리하게 될 것입니다.

이렇게 따스하고 사랑 가득한 졸업식을 경험한 아이들이 자신이 앞으로 몸담을 세상에서 그 사랑과 따스함을 전하며 살아갈 거라 생각합니다. 몇 해 전부터는 졸업생 하객으로 대학생으로 성장한 아이

들이 방문하기도 합니다. 유아 시절 보낸 따뜻함과 사랑의 기억이 그 아이들로 하여금 성인이 되고 나서도 이곳으로 이끌어 주는 게 아닌 가 싶기도 합니다.

동화
금빛 사과와 염소치기 소녀 *

무서운 계모와 두 언니에게 핍박 받던 착한 소녀가 염소로 상징되는 수호신의 도움을 받아 한 나라의 왕비가 되기까지의 과정을 그린 전래 동화입니다. 주인공이 아무도 딸 수 없던 금 사과를 따면서 염소 치기에서 왕비로 신분이 전환되는 기회를 맞는데, 이는 마치 아무도 할 수 없는 7세만의 고유한 작업, 몸의 발달 과정에 따른 이갈이

---

* ___ 참고 도서_ 『엄마, 옛날얘기 하나 해줄까 9』(서낭신과 장기 둔 총각, 최하림 엮음/풀빛)

를 한 다음 학교에 갈 자격을 갖추고 학생으로 신분이 전환되는 그런 상황과도 유사합니다. 졸업하는 아이들에게 왕과 왕비와 같은 축복이 내려지길 바라며 들려주는 이야기입니다.

라이겐
졸업 (시: 서남발도르프세미나 자료집의 시를 일부 수정)

여는 노래

졸업

환하게 빛나는 마음으로   이미애 작사, 작곡

우 리 들 앞 에   무 지 개 길 이   곱 게 뻗 어 있 어 요

무 지 개 길 을   따 라 서 가 면   황 금 문 이 보 여 요

문 앞 에 펼 쳐 진   아 - 름 다 운 세   상

곱 고 고 운 꿈   가 슴 에 안 고   힘 - 차 게 걸 어 요

황 금 문 이 열 려   요

냇물 속의 올망졸망 아기 물고기들
해님이 살포시 살포시 만져 주고
바람이 스르르 스르르 물결을 만들어 주고
비는 토도독 토도독 노래를 들려줍니다.
아기 물고기들은 물결 따라 살랑 살랑 헤엄칩니다.

냇물 속의 올망졸망 아기 물고기들
해님이 뜨겁게 안아 주고
바람이 휘잉 휘잉 센 물결을 만들어 주고
비는 후두둑 후두둑 놀래킵니다.

아기 물고기들은 물결 따라 힘차게 헤엄칩니다.
해님이 속삭입니다.
"이젠 좀 더 깊은 곳으로 가 보겠니?"
바람도 이야기 합니다.
"깊은 물은 더 재미있고 신날거야."
비가 이야기 합니다.
"자, 이리 와 봐. 나와 같이 강으로 가자."
아기 물고기들은 깊은 물을 향해
힘찬 꼬리짓을 하며 헤엄쳐 갑니다.
물결 따라 흘러가는 물고기들이
고운 햇살 아래 황금빛으로 밝게 빛납니다.

손동작

해님이 떠오르네(빌마 엘러직)

<해님이 떠오르네>
해님이 점점 떠오르네.
햇살은 우리를 가리키며
아래로 비추어요, 이 땅 위에.
오늘도 하루가 시작될 수 있게
온 땅을 따뜻하게 안아 주어요,
해님 엄마의 품 안에.
그리고 너와 나도
따뜻해요.
정말 따뜻해요.

2월 노래

겨울밤(박경종 작사, 독일 민요)
구두발자국(김영일 작사, 나운영 작곡)
모두 다 꽃이야(류형선 작사, 작곡)

그 밖의 리듬 생활

그밖의 리듬 생활

봄소풍°

　새로 입학한 아이들이 어느 정도 적응을 하고 서로에게 익숙해져
갈 무렵인 4월 말에서 5월 초 사이에 가족과 함께 하는 소풍을 갑니
다. 부모님께서 모두 일을 하시는 경우라도 휴가 등을 이용해 함께하
고 있습니다. 소풍 장소는 늘 정해진 곳으로 가는데, 이는 아이들에
게 익숙한 장소가 그만큼 공간적인 안정감을 주기 때문입니다. 적당
한 크기의 잔디밭이 있고 아이들이 한눈에 들어올 정도의 넓이라면
쾌적한 야외 활동이 가능합니다. 아이와 부모님이 함께 어울려 여러

가지 모둠 놀이도 하고, 보물찾기도 하면서 즐거움은 마냥 커지기만 합니다. 맛있는 점심을 먹은 다음 산책을 하면서 홀씨가 다 날아간 민들레 꽃대궁으로 피리도 만들어 불어 봅니다. 그렇게 하루를 보내면서 아이들은 가족 같은 친밀감을 더욱 키워 갑니다.

가을 바자회°

10월의 아름다운 가을날에 하는 바자회는 자율적인 참여로 이루어집니다. 판매되는 상품들을 어떤 것으로 얼마만큼 준비해야 할지 등에 대하여 자율적인 참여를 우선시 합니다. 직접 손으로 만드는 것이 어려운 가정에서는 아이들이 입던 옷을 잘 손질해 와서 아나바다 장터를 만들기도 하고, 농촌에 계신 조부모님댁 밭의 귀한 수확물들

이 판매되기도 하면서 늘 풍성하고 넉넉함이 함께 합니다. 넓지 않은 장소라 초대 손님 범위는 졸업생 가족까지로 한정하고 있는데 졸업생 가족들도 손님이 아닌 자율 참여를 하기 때문에 나름 북적거리는 바자회가 되곤 합니다. 정성 가득 담긴 손으로 만든 놀잇감들은 아이들을 설레게 하고 어른들도 예외는 아닙니다. 한쪽 편에서는 작은 체험 마당이 열리기도 합니다. 어머님들이 손수 만든 음식들의 고소하고 맛난 냄새가 코끝을 자극하고, 장보기를 끝낸 아이들의 접시마다 음식들이 가득해지며 맛있는 소리가 들리기 시작합니다. 이렇게 운영한 바자회 수익금은 관내 종합사회복지관에 기부를 하기도 하고 일부는 학부모회의 운영비로 씁니다. 졸업생들과의 반가운 만남이 있는 날이기도 하고 작지만 따뜻한 사랑의 빛을 나누게 되는 날이기도 합니다.

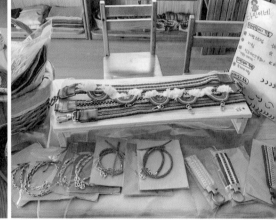

졸업 여행 °

　한 해를 마무리하며 겨울 방학이 시작되는 12월에 일곱 살들은 1박
2일로 졸업 여행을 갑니다. 여행이라고 해서 먼 곳으로 떠나는 것은
아니고, 선생님 집에 초대받습니다. 선생님이 만들어 주는 저녁 식
사를 하고 집 주변을 산책하고 들어와 씻고 친구들과 놀이도 한 다음
잠자리 동화를 듣고 잠을 잡니다. 아이들이 가족과 떨어져 처음으로
자신의 집이 아닌 다른 곳에서 잠을 자는 경험을 하는 것이지요. 그
래도 친구들이 함께한다는 생각에 아이들 대부분이 서로 위안을 받
으며 잠을 자곤 하지만 간혹 도저히 잠은 못자겠다는 아이도 있습니
다. 그런 경우에는 저녁식사까지 함께한 다음 데리러 온 보호자와 함
께 집으로 돌아갔다가 다음날 아침에 다시 만나 그날의 일정을 함께
합니다. 잠잘 수 있다고 다짐하고 왔다가도 엄마를 찾아 눈물 바람을
해서 중간 지점에서 엄마와 만나 아이를 인계한 적도 있었지요. 대부
분의 아이들은 보호자와 떨어진 긴장감과 친구들과 함께하는 흥분으
로 피곤해져서 금세 새근새근 잘 잡니다. 다음날 프랜치 토스트, 과
일과 우유로 아침 식사를 마치고, 학교 가기 전 아이들의 눈높이에
맞는 몇 가지 체험을 하기에 적당한 장소에서 체험과 산책을 합니다.
산책을 마치고는 몇 년 전부터 점심식사를 위해 패밀리 레스토랑으
로 갑니다. 아이들에게 식당에서 지켜야할 예절을 가르치며 함께 식
사하기에 좋겠다는 생각에 장소를 변경했는데 흔한 경험이 아니어서
아이들이 즐거워합니다. 접시에 먹을 만큼만 음식을 담아 와 남기지
않고 먹고, 많은 사람이 음식을 먹는 장소에서 뛰어다니거나 큰 소
리를 내지 않고 음식을 먹는 아이들의 모습이 참 예쁩니다. 이런 날

은 차 한 대로 움직일 수 없어서 학부모님의 도움을 받아 함께 움직이며 일정을 같이 합니다.

생일 。

발도르프 교육의 근간이 되는 인지학에서는 아이들이 이 지상으로 올 때 부모를 선택해서 온다고 봅니다. 첫째 아이는 자신이 이 지상에 태어나기 위해 엄마와 아빠의 인연까지도 이어 준다고 여깁니다. 물질의 몸은 부모의 사랑에 의해 만들어지지만 그 안에 깃드는 영혼은 저 높은 정신세계에서 자신의 의지로 이 지상에 찾아온다고 보는 것이지요. 이러한 탄생의 의미를 중요하게 여기기 때문에 생일인 아이는 생일날 특별한 하루를 보냅니다.

〈나무와숲〉에는 특별한 행사가 많지 않아 다섯 손가락으로 꼽을 정도입니다. 가족과 함께 하는 봄소풍, 유두 물맞이, 가을 바자회, 졸업식 그리고 생일 정도를 꼽을 수 있습니다. 그 중 생일은 한 아이가 저 높은 정신세계에서 이 지상으로 내려온 날이라 아이에게 아주 특별할 수밖에 없지요. 다른 날과 다름없는 리듬 생활을 하지만 간식 시간에 생일인 아이의 부모님이 준비해 주신 생일 간식을 나누고, 라이겐 시간에는 생일을 주제로 라이겐을 하고, 이야기 듣는 시간에는 아이의 부모님이 만나게 된 배경에서 시작되는 아이의 생일 이야기를 듣습니다. 공개 입양된 한 아이의 생일 동화에서는 낳아 준 부모님이 아이를 도저히 키울 수 없는 사정이 생겨서 아이의 수호천사가 세상 곳곳을 누비며 이 아이를 잘 키워줄 수 있는 부모님을 찾아다녔고 마침내 지금의 부모님을 찾았다는 내용이 담긴 이야기를 들려주기도 했습니다.

누군가의 생일날에는 등원하는 순서대로 모두 도화지에 생일 축하 그림을 그리고 축하 인사말은 그림 뒷면에 교사가 받아 적어 줍니다. 이곳에서 맞이하는 아이의 첫 생일에는 교사도 축하 그림을 그리고 뒷면에는 그 아이만을 위한 짧은 축시를 적어 줍니다. 보통 몇 달에서 일 년 이상을 아이와 함께 지냈기 때문에 아이의 성향을 파악한 다음 아이를 위한 축시를 적어 줍니다.

해님보다 밝게
달님보다 부드럽게
얼굴 가득한 미소
보기만 해도 절로 그 밝고 부드러운 빛이 전해져 옵니다.

저 지평선 너머에서 아주 천천히 떠오르던 해가
어느새 하늘 위에서 웃고 있듯이

천천히 피는 꽃도 아름답고
천천히 가는 걸음으로도 천리만리를 갈 수 있지요.
그런 끈기와 부지런함이 OO이에게 가득하기를 기도합니다.

생일날에는 라이겐 열기을 위한 '아침시'에 이어 '생일 시'도 함께
합니다.

{생일 시}
한 아이가 지상으로 내려온다고
별들은 기뻐 하늘에서 반짝입니다.
천사들은 춤을 추며
지상으로 몸을 굽혀
사랑으로 가득 찬 인사를 보냅니다.
아이가 지상으로 내려올 때에
별의 마음을 지니도록 도와줍니다.

- 잘링겐B. Zahlingen

생일 라이겐

생일잔치

독일 원곡, 이미애 번안

1. 아 침 닭 이 울 어 요 목 청 높 여 울 어 요 안 녕
2. 작 은 토 끼 뛰 어 와 서 서 기 뻐 하 네 요
3. 팔 딱 팔 딱 다 람 쥐 어 느 틈 에 뛰 어 와
4. 크 고 둥 근 케 익 이 식 탁 위 에 놓 였 네

안 녕 오 늘 은 바 로 너 의 생 일

생일 케이크 초를 밝히고 부르는 노래

생일 뻐꾸기

독일 원곡, 이미애 번안

새 가 기 뻐 노 래 해 요 오 늘 은 우 리 ○ ○ 의 생 일

뻐 꾸 기 에 게 물 어 보 자 ○ ○ 의 나 이 말 해 주 렴

부 탁 해 똑 똑 한 새 야

215

노래가 끝나면 "뻐꾹 (한 살). 뻐꾹(두 살), 뻐꾹(세 살)...."을 아이의 나이만큼 말로 함께 한다.
(교사의 생일에는 뻑 뻐꾹(열 살), 뻑 뻐꾹(스무 살)....로 응용한다)

교사나 다른 아이들이 선물을 전해 주기도 하지만, 자신의 생일을 축하해줘서 고맙다는 의미로 생일인 아이가 작은 선물을 준비해 교사, 아이들과 나누기도 합니다. 생일 동화는 부모님께서 입학 원서에 적어 주신 내용을 토대로 교사가 만드는데 아이가 원을 다니며 보낸 시간들도 서술됩니다. 아이가 천상에서 얼마나 소중한 존재였는지 그리고 이 지상에서 또 얼마나 사랑받으며 성장했는지를 간접적으로나마 느낄 수 있어서인지 생일을 지내고 아주 달라지는 아이도 있습니다. 그 전날까지 너무 개구지고 반항적이던 아이가 생일을 지내고(정확히는 생일 동화를 들은 이후라 짐작합니다) 무척이나 의젓한 아이가 되는 경험을 한 적이 있습니다.

아이의 탄생 동화를 들려주기 전에 모든 아이가 한쪽에 모입니다. 마치 하늘나라 초원의 아기 천사들인 양...
생일인 아이가 두 명을 수호천사로 지명합니다. 어른의 생각대로가 아닌 아이 스스로 원하는 사람을 고릅니다. 대개는 평소 좋아하는 친구를 고르지만, 때로는 의외의 선택을 하는 경우도 있습니다.
별 마차를 끌 준비를 하고 수호천사로 지명된 두 아이가 모여 있는 아이들 앞에 섭니다. 생일인 아이는 다른 쪽에 왕관과 생일 망토를 하고 진지하게 앉아 있습니다.

별 마차

독일 원곡, 이미애 번안

```
1. 별 마 차 를  끌 어 라   어 린 아 기  태 우 게
2. 조 심 조 심  타 세 요   하 늘 여 행  떠 나 요
3. 별 마 차 야  멈 춰 라   ○○가 내 릴 수 있 게

별 마 차 야  멈 춰 라   ○ ○ 이 가 탈 수  있 도 록
천 사 들 이  사 는 땅   어 - 린 - 아 기  지 나 요
황 금 계 단  지 나 서   ○ ○ 이 가 찾 아  왔 어 요
```

　노래가 시작되면 두 수호천사는 노랫말에 맞춰 별 마차를 끌고 생일 동이를 태웁니다. 그리고 다른 아기 천사들이 있는 곳으로 돌아옵니다.

　교사 한 명과 7세 아이 한 명이 손을 맞잡아 황금문을 만듭니다.

　교사가 "황금문이 열리면 ㅇㅇ이가 들어와요." 노래를 부릅니다. 노래 속에 자신의 이름이 불려진 아기 천사들은 한 명 한 명 동화 테이블이 마련된 곳으로 가 자리를 잡고 앉습니다. 마지막에 생일 동이의 이름이 불려집니다.

　생일 동이가 동화 테이블 중앙에 정해진 자리에 앉고 수호천사는 생일 동이 옆으로 각각 앉습니다. 이 아이들의 자리는 미리 황금색 천으로 덮여 있어 다른 아이들이 앉지 않고 비워 둡니다. 모든 아이가 자리에 앉으면 생일 동화를 들려줍니다. 다음은 생일 동화의 예입니다.

한 대학에서 같은 공부를 하던 어느 남학생 선배와 여학생 후배가 있었어요. 학년이 다르긴 했지만 같은 강의를 듣게 되는 경우가 있었는데, 어느 날 선배인 남학생이 보기에 아주 차분하고 예쁜 후배가 한눈에 들어왔어요. 그녀의 웃는 모습이 정말 예뻤어요. 선배는 그녀에게 아주 친절하게 대해 줬어요. 그녀는 선배가 잘 대해 주니 좋았고 듬직하고 자상한 태도가 마음에 들었지요. 그녀는 선배의 손에 이끌려 수업이 끝나면 함께 영화도 보러 가고 음식점에 가서 맛있는 식사를 하기도 했어요. 남자가 야구를 좋아해 함께 야구장에도 자주 갔어요. 그렇게 만나는 사이 서로 사랑하는 마음이 생겼고 자연스럽게 결혼을 약속하게 되었어요. 처음 만나고부터 5년쯤 시간이 지난 어느 봄 날, 두 사람은 결혼을 했어요. 처음에는 서툰 결혼 생활을 하면서 더러는 다투는 일도 있었지만 서로 사랑하는 마음만은 변함이 없었지요.

그 무렵 하늘나라 초원에서 다른 천사들과 함께 뛰어놀고 있던 한 어린 천사가 그 부부를 보게 되었어요. 처음 보는 순간 어린 천사는 그 부부에게로 가서 자신이 사랑스런 아기가 되면 좋겠다는 생각을 하게 되었어요. 그 뒤로도 오랫동안 그 생각은 어린 천사의 마음에서 떠나지 않았어요.

마침내 어린 천사는 황금성에 살고 있는 신께 가서 자신의 소망을 이야기했어요. 신께서는 물론 허락을 하셨고 수호천사가 함께 길을 떠날 수 있도록 해 주셨지요.

수많은 별꽃이 피어 있는 하늘나라 초원을 지날 때 가장 밝게 빛나던 별 하나가 어린 천사에게 자신의 밝은 빛을 선물로 나누어 주었어요. 들판을 지나고 강을 지날 때 강물을 비추던 달님이 부드러운 달빛을 선물로 나누어 주셨어요. 별빛과 달빛은 그 후로 어린 천사의 가슴 속으로 들어가 어린 천사가 가는 모든 곳을 밝게 빛나게 해 주었어요. 긴 여행 끝에 어린 천사는 지구로 통하는 황금 계단에 도착했어요. 수호천사가 말했어요. "이제 하늘나라 옷은 내게 주거라. 땅 위에서 필요한 모든 것을 네 부모님께서 준비해 놓으셨단다." 어린 천사는 수호천사에게 하늘 나라 날개옷을 벗어주고 긴 황금 계단을 한 걸음 한 걸음 걸어 내려갔어요.

마침내 계단 끝에 이르자 지구의 문인 황금 문이 보였어요. 수호천 사와 함께 그 문을 두드리는 순간 아기는 엄마의 품에 안겨 있었지요. 따뜻한 눈빛을 가진 아빠가 아기를 맞이해 주셨어요.

엄마, 아빠는 수호천사의 말처럼 예쁜 옷, 작은 침대, 양말, 놀잇감 등 아기에게 필요한 모든 것을 준비해 놓고 있었어요. 6년 전한 아기가 그렇게 이 세상에 왔어요. 라일락꽃이 향기롭게 피어나는 오월의 봄이었지요.

부모님은 아기에게 가장 어울릴 이름을 지어 주려고 생각을 한 끝에 이름을 잘 짓는 분께 부탁을 하였고 그분은 성민이라는 이름을 지어 주셨어요. 자신이 이루고자 하는 것들을 옥돌처럼 단단하게 만들어 가라는 뜻이 담긴 이름이지요.

엄마와 아빠는 별처럼 빛나는 아기이기를 바랐는데 성민이는 바로 그런 아기였어요. 엄마와 아빠는 꽃처럼 예쁜 아기이기를 바랐는데 성민이는 바로 그런 아기였어요. 엄마와 아빠는 해처럼 밝은 아기이기를 바랐는데 성민이는 바로 그런 아기였어요. 아기는 무럭무럭 잘 자랐어요. 돌이 되기도 훨씬 전에 아장아장 걸음마를 시작해서 엄마 아빠는 깜짝 놀랐지요. 하지만 말하는 것은 늦어 엄마, 아빠를 부르는 것 말고는 다른 말은 잘 하질 않았어요. 조금씩 걱정을 하고 있었는데 두 돌이 지나고 얼마 안 있어 한꺼번에 말이 트였어요. 머릿속에 담아 두었던 말을 한꺼번에 쏟아내듯 갑자기 말을 하기 시작하자 종달새처럼 종알종알 말을 아주 잘했어요.

성민이는 엄마뿐만 아니라 아빠와도 정말 가까워요. 아빠와 같이 노는 것도 정말 좋고 아빠와 책을 읽는 것, 잠을 자는 것이 참 좋아요. 성민이가 세 살이 되었을 때는 찬민이라는 귀여운 동생도 생겼지요.

네 살이 되어 〈나무와숲〉을 다니기 시작했는데, 엄마 아빠와 처음으로 떨어져서도 씩씩하게 다녔어요. 언니, 오빠들과도 금세 친해져서 잘 놀았고 밥도 아주 잘 먹었어요. 산책 갈 때 걷다가 넘어져도 웃으면서 일어날 만큼 씩씩하기도 했어요. 처음에는 산에서 만나는 벌레들이 너무 싫었지만 얼마 후부터는 아무렇지도 않게 만질 수 있을 만큼 되었어요. 다섯 살이 되어 친구들이 많이 생기고 동생들도 생기자 친구들과도 잘 지내고 동생들을 잘 챙길 줄 아는 멋진 언니의 모습을 보여 주었어요. 여섯 살이 되어 수놓기를 할 때는 선생님이 감탄을 할 정도로 바늘 요정을 예쁘고 꼼꼼하게 산책시켜 수를 놓았지요. 그리고 이제 일곱 살이 되었어요. 이제는 동생 찬민이도 함께 유치원에 다니고 있는데 성민이는 여전히 친구들과 잘 지내고 동생들을 잘 챙기며 노는 의젓한 언니

의 모습이지요.

오늘은 성민이가 태어나서 여섯 번째로 맞는 생일이에요.

친구, 동생들 그리고 선생님 모두 마음을 모아 성민이의 생일을 진심으로 축하해요. 성민이는 이름처럼 자신이 이루고자 하는 것을 옥돌처럼 단단하게 잘 이루어 나가기를 기도해요.

생일 동화를 듣고 난 다음에는 교사가 아이를 위해 준비한 생일 인형을 전해줍니다. 아이가 선물 보자기를 푸는 동안에는 노래를 불러 줍니다.

(생일 인형은 아이의 발달 단계에 맞춰 나이에 따라 다르게 만들어 줍니다)

생일 선물 노래

생일 선물

독일 원곡, 이미애 번안

생 일 맞 은 ○○ 를 위 해 모두 함 께 모 였 네

우 리 가준 비 한 선 물 너 에 게 전 해 줄 - 게

우린 너 를 사 랑 해 - - 정 말 사 랑 해

일곱 살 생일에는 어머님이 리듬 생활을 함께 하면서, 아기 탄생의 날을 간접적으로 다시금 느껴 보는 하루를 갖습니다. 한 아이가 어떻게 자신을 찾아 왔는지, 어떤 기대감으로, 어떤 과제를 가지고 이 지상에 찾아 왔는지를 생각하며 부모로서 나는 아이에게 무엇을 어떻게 도와줘야 하는 것인지를 아주 진지하게 고민해 봅니다. 아이가 이 세상을 아름다운 곳으로 살만한 가치가 있는 곳으로 생각할 수 있게 부모와 교사는 도와야 합니다. 완전히 열린 존재로 이 지상에 온 아이가 세상에 바로 설 수 있도록 좋은 어른으로 곁에 있어줄 수 있어야 합니다.

교사는 아이를 위해 생일맞이 얼마 전부터 생일 인형을 만듭니다. 아이의 발달 단계에 맞춰 머리 부분이 발달하는 단계에 있는 만 4세가 되는 다섯 살 아이에게는 머리가 있는 뜨개 손가락 인형을, 가슴 부분이 발달하는 여섯 살 아이에게는 머리와 몸통이 있는 뜨개 인형을 선물하는데 이제 색깔에 관심을 갖기 시작하는 시기인지라 인형을 뜨개질할 실의 색깔을 아이에게 미리 고르게 하여 만듭니다. 사지가 발달하는 단계에 있는 일곱 살 아이에게는 보드라운 타올 천으로 만든 사지 인형을 만들어 줍니다. 이 인형들은 선물 받은 아이가 이름을 지어 주곤 하지요. 교사가 아이를 생각하며 아이의 탄생을 축하하는 마음으로 뜨개질을 하거나 바느질을 하는 과정은 아이와의 정신적 교감을 갖게 하므로 교사에게도 좋은 시간입니다. 다른 동료 교사는 지끈 공예를 아주 잘 하십니다. 이 분은 아이의 발달 단계에 맞는 놀잇감을 지끈으로 만들어 선물하십니다. 기차, 가방, 요정 집, 둥구미 그릇 등 아주 다양한 놀잇감을 받은 아이들은 집에서 놀이할 때 그 놀잇감을 잘 활용하지요.

부모와의 협력 작업°

 발도르프 교육은 교사와 아이만 상호 작용하며 교육하는 것이 아니고, 부모, 아이, 교사가 삼위일체가 되어 일관성 있는 교육관을 유지할 때 그 가치가 빛난다고 할 수 있습니다. 아이를 중심으로 부모와 교사가 긴밀하게 협력하고 서로 깊은 신뢰를 할 수 있는 품 안에서 아이는 안정감을 갖고 건강하게 커 갈 수 있습니다.
 〈나무와숲〉에서는 부모와의 협력 작업을 위한 부모 교육과 터전 모임, 가정 방문 등 다양한 방법을 시도하고 있습니다.

부모 터전
 발도르프 교육은 아이에 대한 이해에서 출발합니다. 이를 돕기 위

해 방학이 있는 달을 제외하고는 한 달에 한 번 부모 터전 모임을 갖고 이 모임에서 부모 교육을 합니다. 대개는 3년간 교육 주제 계획이 짜여 있고 때로는 부모의 요구에 따라 주제가 정해지기도 합니다. 터전 모임은 저녁 시간에 하는 모임이라 부모님 중 한 분은 아이를 돌보고 한 분이 참여하는 식입니다만, 5월과 11월은 아버님 참석을 우선으로 하여 진행합니다. 아이의 교육은 어머니의 책임이라고만 생각하고 계셨던 일부 아버님의 경우, 터전에 참가해 아이들에 대한 이야기를 공부하고 들으며 생각에 많은 변화를 겪으신 분들도 계십니다. 아이의 교육은 어머니와 아버지가 공동으로 책임져야 하는 것이고, 두 분이 일관성을 갖고 아이를 대할 때 아이는 혼란 없이 보다 안정적으로 성장할 수 있는 것이니까요.

때로는 터전 모임에서 아이들을 위해 어른으로서 해야 할 일들에

대한 논의도 합니다. 그 예로, 마을 놀이터를 리모델링하면서 없어진 그네를 마당에 설치하는 작업을 논의하고 아버님들이 직접 그네를 만들어 주셨습니다. 아이들의 균형감각과 운동감각의 발달을 위해 그네가 있었으면 좋겠다는 말에, 아버님들이 휴일에 소중한 시간을 내어 주신 것이지요. 여러 사람의 힘이 모이면 대단한 일을 해낼 수 있다는 것을 직접 보여 주셨고, 그네가 만들어져 가는 과정을 지켜본 아이들은 어른의 의미 있는 작업을 통해 인간의 진정성에 대해 배웠을 것입니다. 벽을 페인팅하는 라주어* 작업도 어머님들과의 협업으로 이루어졌습니다. 조금만 게을리하면 하늘 높은 줄 모르고 자라는 마당과 현관 뜰의 잡초도 언제나 부모님들이 땀흘려 가며 제거해 주시기에 늘 아름답고 환한 공간으로 유지되고 있습니다. 아이들을 위한 포근하고 따뜻한 환경을 위해 공을 들이는 부모님의 마음이 더욱더 사랑으로 가득 찬 공간으로 만들어 줍니다. 그 사랑에 가득 찬 공간에서 생활하는 아이들에게 그 포근함과 따스함이 되돌려질 거라 믿습니다.

꽤 오래 전에 〈나무와숲〉 운영이 어려움에 처한 때가 있었습니다. 7명의 아이들이 졸업하고 3명의 아이가 이사를 가게 되면서 급격히 인원 감소가 되었는데, 공교롭게도 나라에서 다음해부터 초등 1학년부터 영어 교육 시행을 검토 중이라는 뉴스에 주변에는 영어 유치원이 늘어나고 있었고 신입 원아도 몇 명 되지 않았지요. 그때 부모님들이 표시나지 않게 도움을 주시곤 했어요. 이를테면, 과일을 원으로

---

*_   lazure_ 밝은 색부터 겹겹이 칠하는 수채화 기법. 여기서는 공간을 라주어 기법으로 페인팅하는 작업을 말한다.

보내 주시는데, 집에서 먹을 것 사면서 한 상자 더 샀다는 둥, 부모님께서 농사지은 것을 너무 많이 보내 오셔서 다 먹을 수 없어서 가져온 것이라는 둥 심지어는 시부모님이 오시면서 수박을 두 덩이나 사 오셔서 집에서 다 먹을 수 없어서 한 덩이는 아이들이 나눠 먹으면 좋겠어서 가져왔다는 둥, 제가 부담 갖지 않게 온갖 미명을 붙여 보내 주셨습니다. 세상에 어느 분이 자식 집에 가면서 그 큰 수박을 2덩이나 사가지고 가겠습니까? 그냥 핑계거리를 만든 거지요. 당시 저희 원 아이들 간식에는 주 2회 과일이 포함되어 있었는데 넘치는 과일로 간식 메뉴에는 없는 날까지 과일을 먹고 점심 식사 후 후식으로 먹어도 될 정도로 오히려 운영이 정상적일 때보다 아이들의 간식거리는 넘치는 마법 같은 상황이 이어지곤 했었지요. 뿐만 아니라 동료 교사는 저 혼자 애쓰는 것에 마음 아프다며 당신도 고통을 분담하겠다고 받은 월급의 절반을 제게 보내는 것이었어요. 교사 월급도 제대로 주지 못할 상황이면 문을 닫아야지 월급을 깎아서야 되겠냐며 다시 송금을 해 드려야 했지요. 이때가 경제적인 운영 면에서는 정말 힘든 시기였지만, 제가 〈나무와숲〉을 운영하면서 가장 따뜻하고 사랑이 넘치는 때로 기억을 합니다. 사랑을 나눌 줄 아는 부모님들과 동료 교사가 제 곁에 있다는 것만으로도 힘이 되는 시기였지요. 지금도 〈나무와숲〉은 사랑에 가득 찬 부모님들과 동료 교사가 함께하고 있습니다. 심지어는 졸업한 다음에도 도움이 필요할 때 언제라도 흔쾌히 달려와 주시는 분들이 계십니다. 아이들이 가장 큰 힘의 원천이지만, 함께하는 동료 교사와 부모님들의 사랑 또한 큰 힘이 됩니다.

다음 표는 최근 3년간 다루어진 학부모 교육 주제입니다.

주제	1년차	2년차	3년차
3월	TV, 컴퓨터 등 매체가 어린아이에게 미치는 영향	유아기 감각 발달: 12감각을 기초로 한 하위감각에 대하여	아이들의 잠 (인지학적 이해 및 수면 조절법)
4월	발도르프 교육에서 바라보는 유아의 발달	-촉감을 자극하는 놀잇감에 대하여 -놀잇감 만들기	동화에 대하여/ 동화의 이해/ 좋은 그림책이란?
5월	행복한 결혼 생활과 자녀 교육 (mbc다큐 행복한 부부, 이혼하는 부부 2)	부모의 성격 유형과 자녀 양육 태도 (한국경제신문: 내 아이를 위한 사랑의 기술)	아이와 도덕성 (ebs 다큐)
6월	우리는 왜 발도르프 교육을 하는가? <토론>	유아기 애착 형성	먹을거리와 건강
7월	리듬 생활 가꾸기	아이들 놀이에 대하여 지끈 둥구미 만들기	놀잇감 만들기 -양모 솜 공
9월	부모의 기질 검사 및 발도르프 교육에서 바라보는 기질의 유형	-놀이에 대한 부모 관찰 이야기 나누기 -지끈 가방 만들기	이고그램 검사 (부모)
10월	아이들의 그림 발달에 대하여	유아의 두뇌 발달 및 좌우뇌 선호도 검사 (BPI): 적기 교육의 중요성	자녀와의 대화법
11월	아버지가 살아야 가정이 산다 (ebs 60분 부모)	부모의 양육 태도와 아이의 자아 존중감 형성	애니어그램 성격 유형 검사 (부모)
12월	-한 해 되돌아보기 -별 접기	-한 해 되돌아보기 -난쟁이 인형 만들기 (또는 펠트 모빌 만들기)	-한 해 되돌아보기 -천연 립밤 만들기

졸업생이 기억하는
나무와숲

   비가 오나 눈이 오나 매일 산책을 나가고, 계절마다 계절 탁자 위에 놓인 인형들이 바뀌고, 부르는 노래가 달라지던 곳. 내가 기억하는 〈나무와숲〉의 모습이다. 나는 그때 배웠던 노래들을 아직도 기억하고 있다.

   더 생각해보니 매일 산에 올라 밤 쭉정이와 나뭇가지로 숟가락을 만들고, 낙엽을 모아 침대를 만들어서 뒹굴고, 나무 위에 있던 거미와 벌레를 두려워하지 않았던 기억이 난다. 분명 같은 길로 같은 장소에 도달하는 산책이었지만 매번 다르게 다가왔던 이유가 상상력이 풍부했던 내 성격 때문이었는지, 아니면 함께 오르던 친구들과 재잘재잘 떠들어서 그랬는지 모르겠다. 다만 확실한 것은 〈나무와숲〉이라는 이름처럼 그런 자연 속에서 놀 때 나는 지루함을 느끼지 못했다는 것이다. 놀이의 모든 재료는 주어져 있었고 우리에게 필요했던 것은 약간의 조합과 상상력이었다.

5회 졸업생 서 윤 경 (19세)

228

행복했던 하루하루가 지나가고, 3년이 훌쩍 지나 나는 졸업을 하게 되었다. 좀 더 오랫동안 다니고 싶었는데 순식간에 흘러가 버린 시간이 야속하기만 했다. 졸업하는 날, 졸업식을 마치고 나와 동갑 친구들 세 명은 원장선생님 댁에 가서 함께 저녁을 먹고 밤늦게까지 떠들다가 잠들었다. 다음날 집에 돌아가서야 내 유치원 생활이 끝났다는 것이 실감이 났다. 내가 마음 편하게 머물 수 있는 집단은 가족을 제외하고는 〈나무와숲〉이 처음이었고 그곳을 떠난다고 생각하니 외롭고 무서웠다. 태어나서 처음으로 둥지를 떠난다는 기분이 들었다. 그래도 초등학교 입학이 코앞으로 다가왔을 때는 두려움을 이겨내 보겠다는 결심을 할 수 있었다. 아직 〈나무와숲〉에 남아 있는 동생들과 선생님들께 "나 새로운 곳에서도 이렇게 씩씩하게 잘 지내요!" 하는 모습을 보여 주고 싶었기 때문이다. 그렇게 초등학교 입학을 무사히 미치고 직응도 잘 하고 나서, 학교에 나가지 않는 개교기념일에 오랜만에 선생님들과 동생들을 만나러 가기도 했다.

3회 졸업생 변 혜 영 (21세)

이미애 선생님을 떠올리니, 선생님이 요리하실 때 도왔던 것이 기억난다. 돈가스와 진달래 화전을 만들었다. 선생님의 요리를 돕는 것이 굉장히 재미있었다. 그것 또한 놀이였기 때문에, 누군가를 돕고 협력한다는 것이 기쁜 일이라는 것을 자연스럽게 이해할 수 있었다.

이야기를 들을 때면, 이야기 장면을 아기자기한 소품으로 재현한 식탁 앞에 초를 켜고 선생님이 앉아 계셨다. 우리는 선생님을 마주보고 둘러앉았는데, 모두 발도르프 인형을 하나씩 꼭 껴안고 있었다. 커튼을 쳐서 실내는 어두웠고, 그 가운데 초 하나가 밝게 켜져 있으니 신비로움을 강하게 느꼈다. 이런 분위기는 내가 이야기에 깊이 빠져들기에 최적화된 환경이었다... 대학생이 된 지금, 나는 발도르프 학교에서 아이들을 가르치면 참 행복하겠다는 생각을 하고 있다. 교사가 꿈인 만큼, 공교육에 종사하는 교사가 될 것인지, 공교육에서는 배울 수 없는 것들을 가르치는 대안 학교의 교사가 될 것인지 진지하게 고민하고 있다. 〈나무와숲〉 생활은 고작 3년이었지만, 끊임없이 내 기억에 소환되어 현재와 미래의 삶에 큰 영향을 미친다. 〈나무와숲〉을 졸업한 다른 친구들도 나와 같을 거라고 생각한다.

3회 졸업생 현 서 영 (21세)

〈나무와숲〉에서는 나이에 따라 할 수 있는 활동이 달랐다. 그중 목공은 일곱 살만 할 수 있던 활동이었다. 그리고 내가 가장 좋아하는 활동이기도 했다. 작은 나무를 톱으로 자르고 구멍을 뚫어 10cm정도 크기의 작은 울타리를 만들었던 것 같다. 사실 어디까지 내가 직접하고 어디까지 도움을 받았는지는 기억나지 않는다. 그래도 만드는 그 시간만은 기억에 또렷이 남아 있다. 작은 손을 오밀조밀 움직여서 무언가를 만든다는 것이 신기했다. 내가 기억하기로는 하루에 이 작업을 할 수 있는 시간이 정해져 있었다. 그래서 그 시간이 끝나서 작업을 멈춰야 했을 때는 아쉽고 또 속상하기도 했다. 더 할 수 있는데 왜 그만둬야 하는지 많이 생각했던 것 같다. 동생들이 부러워했던 것도 기억이 난다. 아무래도 일곱 살만 할 수 있다 보니 동생들이 더 부러워하고 동경했던 것 같다... 아주 가끔씩 〈나무와숲〉에서 만난 친구들의 소식을 듣곤 한다. 운이 좋게도 그중 한 친구와는 같은 학교를 다녔다. 졸업한 후에도 가장 친한 친구 중 한 명으로 자주 만나 시간을 보내곤 한다. 우리는 종종 〈나무와숲〉에 다니던 시절의 이야기를 한다.

1회 졸업생 김 진 수 (22세)

　　... 외관부터 내부 인테리어, 아이들이 가지고 노는 장난감까지 모두 자연에서 구할 수 있는 것들이었다. 솔방울, 말린 복숭아 씨앗, 소라나 조개껍데기 등으로 소꿉놀이를 했던 기억이 나고, 유치원 안에 원목으로 만들어진 작은 집 같은 공간이 있었는데 그 안에서도 자주 놀았다. 실크천이 색깔별로 많이 개어져 있던 것들도 기억나는데 옷처럼 몸에 두르거나 바닥에 펼쳐서 놀곤 했었다... 점심밥은 모두 유기농 재료로 만든 건강한 식단이었다. 내 기억에 요일마다 점심밥이 정해져 있었다. 그래서 선생님께 요일마다 밥이 정해져 있는 것 같다고 말씀드렸는데 수경이만 알아봤다고 하셨던 기억도 있다. 이 부분도 지금 생각해 보니 규칙적으로 정해진 식사를 하는 것이 어린아이들의 생체 리듬에 도움이 되어서 그러셨던 게 아닐까라는 생각이 든

다. 밥을 먹고 나면 선생님들과 아이들 다 같이 산책을 나가는데 비가 오나 눈이 오나 항상 산책을 했었다. 비가 오는 날에는 우비를 쓰고 낚시터 근처를 산책하면서 지렁이를 잡고 놀았고, 화창한 날에는 뒷산을 올라가 놀다가 내려오곤 했다.

1회 졸업생 주 수 경 (22세)

생일날은 전날부터 설레어서 잠이 안 온다. 1년에 한 번뿐인 생일에 어떤 친구들을 내 수호천사로 임명할지, 내 생일 케이크는 뭘지, 친구들이 그려 주는 생일 카드는 어떨지. 내 생일에 이루어지는 그 모든 놀이의 주인공은 내가 된다. 금색 왕관을 쓰고 금색 망토를 걸치고, 금색 천이 씌워진 왕좌에 앉아 친구들에게 내가 준비한 생일 선물을 나눠 주었다. 일반적인 생일 문화와는 조금 다르지만, 그 나름의 의미를 이제야 조금 알 것 같다.

〈나무와숲〉에서 들숨과 날숨을 배우며 나는 나무를 품은 숲으로 성장하는 법을 배웠다. 슬픈 일이 있다가도 다사다난했던 그 시절을 떠올리면 피식 웃을 수 있는, 그리고 그 기억으로 다시 또 한발 나아갈 수 있는 나의 숲. 아직도 미완성이지만 하루가 다르게 울창해져 간다.

4회 졸업생 최 규 진 (20세)

...아슬아슬하게 다치고 넘어졌지만, 그때마다 선생님의 능숙한 응급처치로 나의 상처는 큰 부상으로 이어지지 않았다. 나는 금세 일어나 아무렇지 않게 또 뛰어다니며 웃었다. 커오면서 이상하게도 등산이 싫어하는 활동 중 하나가 되었지만, 여전히 그 시절 매일 오르던 그 산만큼은 다시 가고 싶다는 마음이 든다.

며칠 전에 집 근처에서 〈나무와숲〉 다닐 때 자주 보던 '방구버섯'을 보았다. 그 버섯의 정확한 이름은 모르지만 밟으면 버섯이 방귀를 뀌는 것처럼 가루가 뿜어져 나와서 친구들이 '방구버섯'이라는 이름을 붙여 주었다. 오랜만에 본 방구버섯 덕분에 유치원에서 친구들과 밟으면서 장난쳤던 기억이 떠올라 그때처럼 잽싸게 밟아 보았다. 즐거운 추억이 떠올라 조금 설레었다.

5회 졸업생 안 금 채 (19세)

〈나무와숲〉하면 생각나는 것이 나들이를 다녔던 것이다. 내 기억으로는 일주일에 하루 빼고는 항상 뒷산으로 나들이를 갔었다. 산에 올라가면 산에서 나무타기를 하며 놀기도 하고 산 중간에 계곡에서도 놀았다. 봄에 나들이를 가면 진달래꽃을 따다가 화전을 부쳐 먹었고, 가을엔 산으로 가는 길목에 코스모스 꽃들이 많이 피어있던게 기억난다. 가을에 나들이를 가면 양쪽 주머니에 밤을 가득 주워다가 까서 먹었다. 그리고 여섯 살 때는 내가 좋아하는 매실을 하나하나 칼집 내서 매실청을 담궈 주셨다. 이때 정말 매실을 좋아했는데 선생님과 함께 만든 매실이 맛있어서 집에 와서도 엄마한테 매실청을 만들어 달라고 했다.

나는 사람들에게 웃음이 많다는 소리를 자주 듣는다. 이는 아마도 내가 어릴적에 행복하고 좋은 사람들을 많이 만나서일 것이다.

5회 졸업생 김 민 성 (19세)

산책하는 동안, 자연의 작용 메커니즘에 대한 의문이 종종 머릿속에 떠오르곤 했다. "빗방울은 얼마나 많은 곳까지 가닿을까?" "가는 곳마다 태양은 어떻게 나를 따라오지?"

마음속에 가졌던 이 질문들을 떠올릴 때마다 웃음이 나온다. 어른이 된 지금 질문에 대한 대부분의 답은 찾아냈지만, 〈나무와숲〉에서 길어낸 자연에 대한 존중과 호기심은 여전히 내 곁에 있다. 그래서 〈나무와숲〉에서 보낸 3년은 단지 어린 시절의 좋은 추억일 뿐 아니라 나의 성격과 관심사에 큰 영향을 미쳤다고 자신 있게 말할 수 있다.

많은 시간이 흘러, 살고 있는 나라와 소통하는 언어도 바뀌었지만, 변하지 않는 한 가지는 〈나무와숲〉에서 배운 나 자신과 타인을 향한 사랑과 존경의 가치이다.

4회 졸업생 김 경 호 (20세)

추천의 글

　우리는 성인으로서 현대 산업 문명과 간단치 않은 관계를 맺고 있다. 우리는 이 문명을 아주 잘 이용하여 살고 있으며, 동시에 문명은 우리를 조작하고 우리로 하여금 문명을 섬기도록하고 있다. 대중매체가 세계 곳곳의 정보와 사건들을 아주 빠르게 가져다주기도 하지만 우리는 그것을 통해 우리의 의견이나 판단들이 조작되어지고 있는 것을 알고 있다. 문명의 기계들은 더 정확하고 더 빠르게 그리고 임의적인 힘의 투입을 통하여 우리의 의도를 실현해 주고 있지만, 동시에 그것은 그것의 사용함에 필요한 불규칙하고 비자연적인 그리고 비정상적인 리듬 안으로 우리를 몰아가고 있다. 또한 기술은 우리에게 아주 막대한 시간을 절약해 주고 있는 것처럼 보이나 그것을 사용할 때 우리는 거기에 빠져 종속돼 있는 듯 전혀 시간이 없다고 하면서 시간에 쫓기고 살고 있다. 우연히 혹은 의식적으로 그것으로부터 떨쳐 나오게 되더라도 그 시간에 대체해 무엇을 하며 지내야 하는지 모르게 된다. 가까이는 많은 상점들이 우리가 먹고 싶은 것들을 전 세계 곳곳에서 계절과 관계없이 제공하고 있다. 현대 기술 문명에 종속되어 있는 삶을 살고 있는 것이다. 이러한 현대 기술 문명에 사는 덕분(?)에 우리는 오늘날 명확히 진단을 내리기 어려운 좋지 않은 건강 상태로 인해 의사나 전문가 들을 찾아다니고 있는 가운데 관련 산업은 더 커져가고 있다. 이로 인해 오늘날 곳곳의 삶 속에 현대 산업 문명 사회의 삶으로부터 오는 '짜증남, 스트레스'로부터의 이른바 힐링Healing이 요구되는 것은 세계적인 현상이다.

물론 이러한 기술 문명은 우리를 실존의 단순한 자연 한계로부터 더 자유롭게 하고 독립적으로 편리하게 만들어 주는 듯이 보인다. 바깥이 어두워지면 불을 켤 수 있고 밖이 추우면 난방을 하면 된다. 이러한 점이 우리 개개인의 자기실현 욕구에 도움을 주는 것 또한 현실이다. 그런데 우리는 이러한 상태(자기실현욕구)를 극복하고 나면 또 다시 새로운 것에 도전을 한다. 이러한 상황은 계속적으로 반복되어 현대 산업 문명 안에서 전개되어지고 있다. 이를 위하여 산업은 무한한 것들을 제공하고 있으며 개발되어지고 있다. 이러한 산업들의 이름은 문화 산업, 건강 산업, 여가 산업 등 심지어 현대에 와서는 교육도 산업이라고, 교육 산업으로 칭하고 있다.

문명civilization이라고 하는 개념을 그 어원에서 찾자면 문명화 civilization되었다는 것으로 성 안에 갇혀 그 성 안의 문화에 속해 있다는 의미이기도 하다. 소위 자기실현이라는 것은 자기만족 안에 머물러 버리는 것이다.

오늘날 아이들은 이러한 이중적인 의미를 가진 문명과 함께 어떻게 살아가야 하는가? 우리는 아이들이 더 현명하게 문명의 장점을 활용하고 그 단점을 피해 나가며 살기를 아주 깊이 희망하고 있다.

그렇다면 어떻게 해야 가능한가? 이것이 바로 현대 문명 산업 사회에 살아가는 모든 부모가 가지고 있는 교육의 걱정거리일 것이다. 어떻게 하면 아이가, 문명적인 환경을 거부하지 않고 그것을 인간적으로 사용할 수 있는, 육체적Body으로 건강하고, 영혼적Soul으로 자유로우며, 정신적Spirit으로 창의적인 인간으로 성장하도록 도움을 줄 수 있을까?

이러한 현대 문명 아래에서 아이들이 미래에 건강하고 능동적으로 자신의 삶을 만들어 갈 수 있는 능력과 바탕을 함양할 수 있는 교육 제안으로 약 100년 전에 만들어진 루돌프 슈타이너 박사의 발도르프 교육Waldorf-Education[*]이 인류사에 의미를 더해가고 있고, 그중 엘리자베스 폰 그루넬리우스Elizabeth von Grunelius(1895~1989)^{**}와 헤베르트 한Herbert Hahn(1890~1970)^{***}에 의하여 만들어진 발도르프유치원Waldorfkindergarten이 21세기 미래 교육의 대표적인 유아 교육 모델로 전 세계적으로 자리 잡아가고 있다.

이러한 미래 교육, 특히 발도르프유아교육을 지난 18년 동안 꾸준히 실천하고 있는 이미애 선생님이 출간하는 『발도르프 킨더가르텐의 봄여름가을겨울』은 발도르프유아교육의 기본이 되는 '유아원 리듬 생활'을 실제로 실천한 귀중한 경험이 집적된 것으로 여겨집니

---

* 1994년 유네스코 주관 44차 세계교육장관 스위스 제네바 회의에서 21세기 미래교육 모델로 선정되었다.

** 독일 최초 발도르프유치원 설립자, 세계 2차 대전 초기 미국으로 이주하여 미국에 첫 번째 발도르프유치원과 발도르프학교를 설립하여 미국과 북미에 발도르프 교육을 실천하는 작업을 실행하였다.

*** 러시아 태생 독일 인지학자, 첫 번째 발도르프학교 교사로 재직

다. 특히 발도르프유아교육의 토대 위에 한국 농경 문화의 계절 · 절기를 바탕으로 한국 민족(영)혼이 스며들게 한 리듬 생활 부분은 현대 산업 문화 속에 자라는 아이들에게 건강한 유아교육의 실현이라고 할 수 있습니다. 이 책이 유아 교사뿐만이 아니라 현대 젊은 부모들에게 건강한 아이 교육의 지침이 되어 줄 것으로 기대하며 추천의 글을 드립니다.

2021.06.28.
(사단법인) 한국발도르프교육협회
이사장 허 영 록 박사, (명예)교수
www.waldorf.or.kr

푸른씨앗_책

발도르프
교과 시리즈

8년간의 교실 여행_ 발도르프학교 이야기
토린 M.핀서 지음/ 청계자유발도르프학교 옮김/14,000원

발도르프교육 75주년 기념 선정 도서. 한국의 첫 발도르프학교를 시작하며 함께 만든 책. 1학년부터 8학년까지 같은 아이들의 담임을 맡은 한 교사를 통해 발도르프학교 공동체에서의 다양한 교육 경험을 생생하게 느낄 수 있다.
책 속에서_ 20여 명에 달하는 우리 학교 교사회 전원이 일어나 식장 한편에 줄지어 서서, 축하 잔치를 위해 줄줄이 방을 빠져나가는 학생들 하나하나와 작별의 악수와 포옹을 나누었다. 식이 끝날 즈음에는 눈시울이 젖지 않은 아이가 거의 없었다.

투쟁과 승리의 별 코페르니쿠스
하인즈 스폰젤 지음/ 정홍섭 옮김/12,000원

교회의 오래된 우주관과 경직된 천문학에 맞서 혁명을 실현한 인물, 코페르니쿠스 전기 소설. 어린 시절부터 필생의 역작 <천체의 회전에 관하여>를 쓰기까지 70년에 걸친 삶의 여정을 사실적으로 묘사하였다. 천문학자의 삶을 다룬 작품답게 인생의 고비마다 나타난 변화무쌍한 자연 현상을 생동감 있게 형상화하였다. 15세기의 유럽 모습이 담긴 지도와 삽화, 발도르프학교 7학년 학생들의 천문학 수업 공책 그림이 아름답게 수놓인 책

파르치팔과 성배찾기
찰스 코박스 지음/ 정홍섭 옮김/12,000원

18살 시절에 나는 무엇을 하고 있었나? 내가 누구인지, 어떤 사람인지, 이 세상에서 해야 할 일이 무엇인지 알고자 나는 무엇을 하고 있었던가? 자아가 완성되어 가는 길목에 있는 상급 학생들에게 1960년대 중반 에든버러의 발도르프학교에서 한 교사가 고전 <파르치팔>을 상급 문학 수업으로 재현한 이야기

발도르프학교의 미술 수업 1~12학년
마그리트 위네만, 프리츠 바이트만 지음/ 하주현 옮김/30,000원

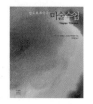

발도르프교육의 중심이 되는 예술 수업은 아이들이 조화롭게 성장하고 타고난 잠재력을 꽃피우게 한다. 꾸준히 예술 활동에 직접 참여한 아이들은 성인이 되었을 때 복잡하고 어려운 길을 창의적으로 잘 헤쳐 나간다. 이 책은 슈타이너의 교육 예술 분야를 평생에 걸쳐 연구한 율리우스 헤빙과 그의 제자 위네만 박사, 프리츠 바이트만이 소개하는 발도르프 교육의 '미술 영역'에 관한 자료이다. 저학년과 중학년(1~8학년)을 위한 회화와 조소, 상급학년(9~12학년)을 위한 흑백 드로잉과 회화에 대한 설명과 그림, 괴테의 색채론을 한 단계 더 발전시킨 루돌프 슈타이너의 색채 연구를 만나게 된다.

발도르프학교의 수학_ 수학을 배우는 진정한 이유
론 자만 지음/ 하주현 옮김/25,000원

아라비아 숫자보다 로마 숫자로 산술 수업을 시작하는 것이 좋다, 사칙 연산을 통해 도덕을 가르친다, 사춘기의 시작과 일차 방정식은 무슨 상관이 있을까? 세상의 원리를 알고 싶어 눈을 반짝거리던 아이들이 11세~14세, 17세 나이가 되면 왜 수학에 흥미를 잃는가. 40년 동안 발도르프학교에서 수학을 가르쳐 온 저자가 수학의 재미를 찾아 주는 통찰력 있고 유쾌한 수학 지침서. 초보 교사들도 자신감 있게 수업할 수 있도록 아동기부터 사춘기까지 아이들의 성장 발달에 맞는 수학 수업을 제시하고 일상을 바탕으로 만든 수학 문제와 풍부한 예시를 실었다.

청소년을 위한 발도르프학교의 문학 수업_자아를 향한 여정
데이비드 슬론 지음/ 하주현 옮김/20,000원

첨단 기술로 인해 많은 것이 완전히 달라졌다고 생각하지만 청소년들의 내면은 30년 전이나 지금이나 본질적으로 별로 달라지지 않았다. 청소년기에 내면에서 죽어 가는 것은 무엇인가? 태어나고 있는 것은 무엇인가? 9학년부터 12학년까지 극적인 의식 변화의 특징을 소개하며, 사춘기의 고뇌와 소외감에서 벗어나 자아 탐색의 여정에 들어설 수 있도록 힘을 주는 문학 작품을 소개한다.

발도르프학교의 연극 수업
데이비드 슬론 지음/ 이은서, 하주현 옮김/18,000원

『무대 위의 상상력』 개정판. 연극은 청소년들에게 잠들어 있던 상상력을 살아 움직이게 하고, 만드는 과정에서 다른 사람과 함께 마음을 모으는 일을 배우는 예술 작업이다. 책에는 연극 수업뿐 아니라 어떤 배움을 시작하든 학생들이 수업에 몰입할 수 있도록 만들어 주는 좋은 교육 활동 73가지의 연습이 담겨 있다. 개정판에서는 역자 이은서가 쓴 연극 제작기, 『맹진사댁 경사』 대본 일부, '한국 발도르프학교에서 무대에 올린 작품 목록'을 부록으로 담았다.

형태그리기 1~4학년
에른스트 슈베르트, 로라 엠브리-스타인 지음/ 하주현 옮김/10,000원

'형태그리기'는 발도르프 교육만의 특징적인 과목으로 새로운 방식으로 생각하는 힘을 키우기 위해 제안되었다. 수업의 주된 목적은 지성을 건강하게, 인간적인 방식으로 육성하고 발달시키도록 하는 것이다. 배움을 시작하는 1학년부터 4학년까지 학년별 형태그리기 수업에 지침서가 되는 책

발도르프학교의 형태그리기 수업[특별판]
한스 니더호이저, 마가렛 프로리히 지음/ 푸른씨앗 옮김/15,000원

1부는 발도르프학교 교사였던 저자의 수업 경험, 형태그리기와 기하학의 관계, 생명력과 감각, 도덕성과 사고 능력을 강하게 자극하는 형태그리기 수업의 효과에 대해 설명한다. 2부는 형태그리기 수업에서 주의할 점과 슈타이너가 제안한 형태의 원리와 의미를 수업에 녹여 내는 방법과 사례를 실었다. 특별판에는 실 제본으로 제작한 연습 공책을 세트로 구성

맨손 기하_ 형태그리기에서 기하 작도로
에른스트 슈베르트 지음/ 하주현 옮김/15,000원

최초의 발도르프학교 학생이자 수십 년 교사 경험이 있는 저자는 미국 발도르프학교 담임교사들을 위한 8권의 책(기하 4권, 수학 4권)을 집필하였으며, 현대 수학 교육에서 소홀히 다루고 있는 기하 수업의 중요성을 일깨우기 위해 애쓰고 있다. 3차원 공간을 파악하기 시작하는 4~5학년에서 원, 삼각형, 사각형 등 형태의 특징을 알고 비교하며, 서로 어떤 관계가 존재하는지 찾는 방식을 배운다.

인지학

동화의 지혜
루돌프 마이어 지음/ 심희섭 옮김/30,000원

그림 형제 동화부터 다른 민족의 민담까지 동화 속 인물이 심오한 인간 본성과 법칙 안에서 성숙해 가는 과정을 인지학적 관점에서 설명하고 있다. 어린 시절에 동화를 들려주는 것의 중요성을 깨닫고, 가슴 깊은 곳에 순수한 아이 영혼이 되살아남을 느낄 수 있을 것이다.

12감각
알베르트 수스만 강의/ 서유경 옮김/28,000원

인간의 감각을 신체, 영혼, 정신 감각으로 나누고 12감각으로 분류한 루돌프 슈타이너의 감각론을 네델란드 의사인 알베르트 수스만이 쉽게 설명한 6일간의 강의. 감각을 건강하게 발달시키지 못하고 있는 오늘날 아이들과, 다른 형태의 고통과 알 수 없는 어려움에 시달리고 있는 어른을 위해 신비로운 12개 감각 기관의 의미를 자세히 설명한 이 책에서 해답을 찾고자 하는 독자들이 더욱 많아지고 있다. 『영혼을 깨우는 12감각』 개정판

발도르프학교의 아이 관찰_ 6가지 체질 유형
미하엘라 글렉클러 강의/ 하주현 옮김/8,000원

괴테아눔 의학분과 수석을 맡고 있는 미하엘라 글렉클러가 전 세계 발
도르프학교 교사, 의사, 치료사들을 대상으로 한 콜리코 콘퍼런스에
서 한 강의. 자아가 세상과 어떤 관계를 맺고 있는지, 그 특성과 타고난
힘이 무엇인지에 따라 학령기 아이들이 갖는 6가지 체질 유형을 소개
한다. 머리가 큰 아이와 작은 아이, 지상적인 아이와 우주적인 아이, 환
상이 많은 아이와 환상이 적은 아이를 관찰하는 방법과 교육, 의학적
측면에서 치유 방법을 제시한다.

교육서
성인

인생의 씨실과 날실
베티 스텔리 지음/ 하주현 옮김/25,000원

미국 발도르프 교육 기관에서 30여 년 아이들을 만나 온 저자의 베스
트셀러. 한 인간의 개성을 구성하는 요소인 기질(우울질, 점액질, 다혈
질, 담즙질), 영혼 특성, 영혼 원형을 이해하고 이를 통해 온전함을 향
한 자기 계발을 모색해 본다.
책속에서_ 타고난 재능과 과제, 삶을 대하는 태도, 세상을 바라보는
눈은 우리도 깨닫지 못하는 사이에 인생에서 씨실과 날실이 되어 독특
한 문양을 만들어 낸다.

우주의 언어, 기하_ 기본 작도 연습
존 알렌 지음/ 하주현 옮김/18,000원

컴퓨터가 아닌 컴퍼스와 자를 이용해 손으로 하는 기하 작도 연습서.
계절마다 변하는 자연 속에는 대칭이, 샤르트르 노트르담 대성당의
미로 가운데에는 정십삼각별이 있다. 시간이 흘러도 변치 않는 아름다
운 공예, 디자인, 건축물을 들여다보면 그 속에는 언제나 기하가 숨어
있다. 이 책에서 제시하는 방법으로 기하를 작도하다 보면 형태 개념
의 근원을 경험하고 발견할 수 있을 것이다.

재생 종이로 만든 책

푸른 씨앗의 책은 재생 종이에 콩기름 잉크로 인쇄합니다.

겉지_ 삼원특수지 Kendo켄도 200g/m²
속지_ 전주페이퍼 Green-Light 100g/m²
인쇄_ (주) 도담프린팅 | 031-945-8894
본문 글꼴_ 윤서체_윤명조120 10.3 Pt
책크기_ 150X220